武当内家点穴术

徐宏魁　主编

北京体育大学出版社

责任编辑：曾　莉
责任校对：王泓滢
版式设计：高文函

图书在版编目（CIP）数据

武当内家点穴术 / 徐宏魁主编. -- 北京：北京体
育大学出版社, 2024. 6. -- ISBN 978-7-5644-4114-2

Ⅰ. G852.4

中国国家版本馆CIP数据核字第2024YL4207号

武当内家点穴术
WUDANG NEIJIA DIANXUESHU

徐宏魁　主编

出版发行：北京体育大学出版社
地　　址：北京市海淀区农大南路1号院2号楼2层办公B-212
邮　　编：100084
网　　址：http://cbs.bsu.edu.cn
发 行 部：010-62989320
邮 购 部：北京体育大学出版社读者服务部010-62989432
印　　刷：三河市龙大印装有限公司
开　　本：710mm×1000mm　　1/16
成品尺寸：170mm×240mm
印　　张：10.25
字　　数：200千字
版　　次：2024年6月第1版
印　　次：2024年6月第1次印刷
定　　价：45.00元

编委会

主　编：徐宏魁

编　委：（排名不分先后）

　　　　高　绅　高　飞　李贡群　高　翔

　　　　黄守献　黄冠杰　黄婷婷　潘祝超

前言

点穴术是中国武术的独有绝技，分为"疗养点穴"和"技击点穴"两种，疗养点穴用于医疗保健；技击点穴用于临敌实战，杀伤敌方。本书专讲技击点穴，披露武当派秘传的一套点穴术。武当派注重内劲，柔中带刚，"犯者立仆"，名冠武林。

点穴术与一般武术不同，它是根据人体气血"子午流注"理论，创造的一种精密技击绝学，"隔气血之通路，使不接续；壅塞气血之运转，使不流通"。因其专门击穴，而人体穴位目标极小，隐蔽难寻，极难击中，再者为了达到点穴的奇特效果，使用时还要讲究击打的时刻，所以要想真正掌握此种绝技，极其不易，又因点穴高手多藏而不露、秘而不宣的缘故，故今武林，点穴已近绝迹。

编者作为武术工作者，出于职业需要和个人爱好，对点穴这门绝技很感兴趣，长期有意地寻师求学，收集这方面的理论和技术资料，经过多年的努力，终于完整地整理出一套武当点穴技击术。现公开出版，献于武道同好。但鉴于水平有限，必有不当，望请指正。

点穴术虽然难学难练，但一旦练成，按法技击，轻可致敌疼痛，重可致敌伤亡，非同小可，所以编者特意敬告每一个习练者，只能把它当作继承绝学、寻求理趣、问道武当的防身之技，不可出手伤人。"大学之道，在明明德，在亲民，在止于至善"，这也是做人、求学和习武之道！

目录

第一章　认穴

第二章　寻径

第三章　考问

第四章　功劲

第五章　初试

第七章 绝招

第一章　认穴

　　点穴术，其攻击目标就是穴位，所以首先要详知绝穴真位，方能依其定时，举手投足而伤之，否则无的放矢，枉费功夫。

　　武当点穴术主攻之穴有36处，称之为天罡36绝穴。"绝穴"即致命绝杀之穴，也叫"死穴"，一旦点准，立可令敌伤亡，因此学者非在极端困厄之时不能出手。

一、天罡 36 绝穴秘谱

　　武林穴法自古秘，传抄流转错讹偏。
　　悉知绝穴在何处，人身经络仔细寻。
　　道家天罡三十六，堪破玄机刻心间。
　　子午流注明道理，灵龟八法时辰分。
　　致命穴位六六定，阴阳协理机其变。
　　数术妙法多精髓，武当真谱传于君。
　　头乃六阳诸首领，重击震荡皆要命。
　　一指取效八卦位，百会神庭印堂连。
　　人中耳门太阳穴，脑后风池并哑门。
　　颈部咽喉夹人迎，前胸四穴要认真。
　　膻中穴下连鸠尾，两旁乳中膺窗平。
　　脘腹胁肋共五行，巨阙商曲期章京。
　　小腹聚精要穴六，神阙气海元宫轮。
　　中极曲骨腹结跟，督脉一线需留神。
　　灵台命门尾闾并，下寻直进海底源。
　　腧穴有四仔细听，肺肾厥阴气海并。
　　臀部两旁乃环跳，志室穴连两腰肾。
　　涌泉穴注两足心，记之纯熟千万遍。

只学穴法不练技，徒费心机枉费神。

移身换影圆中圆，多习一技不压身。

死手活法皆需研，歧黄之术出圣人。

武技首当德为先，济世活人留美名。

二、36绝穴真位详解

认穴不仅仅是记住绝穴名字，重要的是把位置搞清楚，记清楚，认准在人身什么地方，练到一触可及，不差分毫，方算功成，否则差之毫厘，谬之千里！

1. 百会穴

百会穴属奇经八脉中督脉的腧穴，又是督脉与足太阳膀胱经交会之穴，又名泥丸宫，位置在头顶正中线与折耳后两耳尖联线的交点处。

2. 神庭穴

神庭穴属督脉腧穴，也是足厥阴肝经与足太阳膀胱经、足阳明胃经的交会穴，位置在头前额正中线，入发际五分①处。

3. 印堂穴

印堂穴属于经外奇穴之一，其部位在两眉头间连线与人体前正中线交点的凹陷处，又称为眉心穴。

4. 人中穴

人中穴是任督之交会穴，在鼻下二分处，又名唇沟。

5. 耳门穴

耳门穴属手少阳三焦经之穴，位置在耳孔前，耳屏（耳孔前面的小突起）前上方凹陷处，左右各一穴。

6. 太阳穴

太阳穴是人体经外奇穴之一，位置在眉梢与外眼角连线中点向后移约一

---

① 1寸=10分，1寸≈3.3厘米

寸凹陷处，左右各一穴。

7. 风池穴

风池穴属足少阳胆经之穴，位置在后发际中点入发际一寸，与乳突骨下缘连接之交点凹陷处，左右各一穴。

8. 哑门穴

哑门穴属督脉，系督脉与阳维脉之交会穴，位置在头后正中线，后颈窝正中，入发际五分处。

9. 咽喉穴

咽喉穴是任脉的经穴，亦为任脉与阴维脉的交会穴，位置即脖子下之喉结处。

10. 人迎穴

人迎穴是足阳明胃经的腧穴，也是足阳明胃经与足少阳胆经的交会穴，位置在颈前部任脉喉结旁一寸五分之动脉处，穴点正好在颈动脉三角内区，左右各一穴。

11. 膻中穴

膻中穴属奇经八脉中任脉的腧穴，又为心包络的募穴，亦是八会穴之一，位置在人体前中线任脉的中部，前胸平第四肋间隙，即两乳头连线与前正中线交点之凹陷处。

12. 鸠尾穴

鸠尾穴属奇经八脉中任脉的穴位，位置在胸骨剑突下五分处。

13. 乳中穴

乳中穴属足阳明胃经的经穴，位置在乳头中央部。

14. 膺窗穴

膺窗穴属足阳明胃经的经穴，位置在乳中穴直上，两横指处，即胸骨中线第三、四肋间之交点处，任脉旁开四寸，左右各一穴。

15. 巨阙穴

巨阙穴属奇经八脉中任脉的穴位，系心之募穴，位置在胸前正中线胸骨剑突下一寸处，即脐上六寸处。

16. 商曲穴

商曲穴属足少阴肾经，系足少阴与冲脉的交会穴，位置在脐上二寸之上脘穴旁开半寸处，左右各一穴。

17. 期门穴

期门穴属足厥阴肝经的经穴，并为足厥阴肝经的募穴，亦是阴维脉与足厥阴肝经、足太阴脾经的交会穴，位置在乳头直下第二、三肋间，左右各一穴。

18. 章门穴

章门穴属足厥阴肝经的经穴，又是足太阴脾经的募穴，为八会穴之一，亦为足厥阴肝经与足少阳胆经的交会穴，位置在腹侧部，第一浮肋前端，屈肘合腋时约当肘尖尽处，即第十一肋下端，脐上两寸再横开八寸之处，左右各一穴。

19. 京门穴

京门穴属足少阳胆经的经穴，位于体侧腰部，约当第十二肋骨游离端下际处，左右各一穴。

20. 神阙穴

神阙穴属奇经八脉中任脉的经穴，即腹部之肚脐。

21. 气海穴

气海穴属奇经八脉中任脉的经穴，位置在腹中线任脉，脐下一寸五分处是穴。

22. 元宫穴

元宫穴属奇经八脉中任脉的经穴，又为小肠之募穴，也是足太阴脾经、足少阴心经、足厥阴肝经三阴经与任脉之交会穴，位置在小腹正中线脐下三寸处。

23. 中极穴

中极穴属奇经八脉中任脉之经穴，系足阳明胃经、足太阳膀胱经、足少阳胆经三阳、任脉之交会穴，又为足太阳膀胱经之募穴，位置在体前正中线脐下四寸处。

24. 曲骨穴

曲骨穴属奇经八脉中任脉的经穴，系足厥阴肝经与任脉之交会穴，位置在腹前正中线与耻骨联合上缘之交点处。

25. 腹结穴

腹结穴属足太阴脾经的经穴，位置在小腹侧，上直对两乳，夹任脉旁各四寸，即肋骨下一分处，左右各一穴。

26. 灵台穴

灵台穴属奇经八脉中督脉的经穴，又名肺底，位置在后背正中线督脉第六胸椎与第七胸椎棘突之间，与膻中穴正对处。

27. 命门穴

命门穴属奇经八脉中督脉的腧穴，位于腰部后正中线，第二腰椎与第三腰椎棘突之间，正对肚脐处。

28. 尾闾穴

尾闾穴属奇经八脉中督脉的经穴，是足少阴肾经与足太阳膀胱经之交会穴，位置在尾骨尖下五分处。

29. 海底穴（会阴穴）

海底穴是任脉的经穴，又名会阴穴，为任、督、冲三脉所起之处，位于会阴部正中点，男子在阴囊根部与肛门之间正中线中点，女子在大阴唇后联合与肛门之间正中线中点。

30. 肺腧穴

肺腧穴属足太阳膀胱经的腧穴，位于人体背部第三胸椎棘突下旁开一点五寸处，左右各一穴。

31. 肾腧穴

肾腧穴属足太阳膀胱经的腧穴，位于第二腰椎下旁开一寸五分处，即命门穴左右各旁开一寸五分处。

32. 厥阴腧穴

厥阴腧穴属足太阳膀胱经的腧穴，位于人体背部第四胸椎棘突下旁开一点五寸处，左右各一穴。

33. 气海腧穴

气海腧穴属足太阳膀胱经的经穴，位于第三腰椎棘突下旁开一点五寸处，即肾腧穴下，左右各一穴。

34. 志室穴

志室穴属足太阳膀胱经的经穴，亦是足少阴肾经与足太阳膀胱经的交会穴，位置在第二腰椎棘突下，离背中线各三寸，即命门穴旁开三寸处，左右各一穴。

35. 环跳穴

环跳穴属足少阳胆经的经穴，也是足少阳胆经与足太阳膀胱经的交会穴，位置在股骨大转子最高点，即正当股骨大转子顶点与骶骨裂孔的连线外三分之一与中三分之一的交点处，左右各一穴。

36. 涌泉穴

涌泉穴属足少阴肾经的井穴，位于足掌心陷中处，即足趾跖屈时呈凹陷处，左右脚各一穴。

36 个穴位在人体的分布可详见图 1-1 至图 1-3。

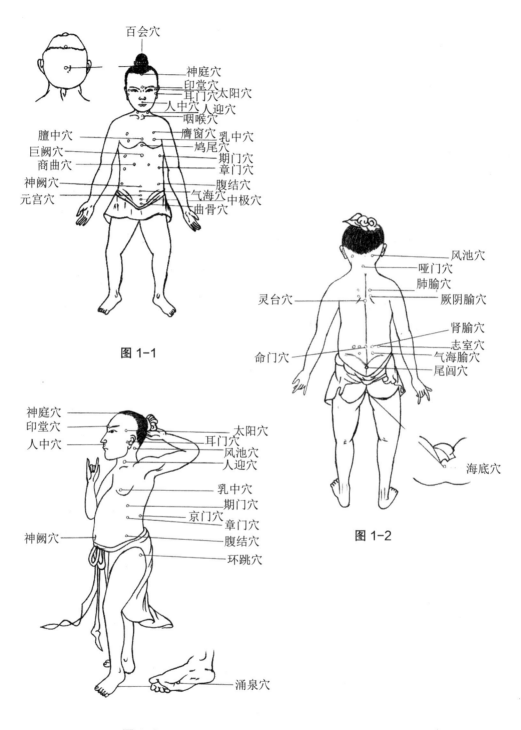

图 1-1

图 1-2

图 1-3

第二章　寻径

所谓寻径，即寻究气血流行之途径。

点穴术所点的穴位须在实穴，而不是空穴。空穴，是指气血之头未至或已过之穴位。如果点击空穴，大力所至也可伤人，但绝对达不到点击实穴的奇特功效。所以只有点其气血之头，阻其运行，才能事半功倍。

到达此境，除了要知道绝穴精确位置，还要寻根究底，首先深切地了解与熟识人身气血流行的途径，搞清楚什么时辰气血头当达何穴，什么时辰气血头经过某处，然后再依时辰之变化，点击应点之穴，使气血之头阻滞，前行不得，退又壅塞，最终致敌气血紊乱。

气血的运行，本就有一定的路程，十二时辰合于十二经，而十二经所属之穴，亦对应十二时辰，如在某时气血之头应在某穴，若未及某时一刻，或已过某时一刻，则气血之头所在，就不难推求明白了。

熟读诀谱，于气血循环之理寻根究底，明白其是向上逆行，还是向下顺行，还是向旁横行；已到何经、何脉、何穴，如此种种，要心知肚明，待临敌之际，方能得心应手，出奇制胜。

一、地支十二经流注歌

每日寅时从肺起，卯时流入大肠经。

辰胃巳脾午心火，未时应注小肠经。

申属膀胱酉属肾，戌走包络亥焦宫。

子胆丑肝寅又肺，十二经脉周环行。

解：

人体有十二经，昼夜有十二时辰，一经主一个时辰。古代把一日（白天和夜晚）分为十二个时辰，按现在 24 小时折算，古代的一个时辰正好是现代的两个小时，即从子时算起，现在的 23 点至凌晨 1 点钟为子时，其中零点（24点）为正子时，凌晨 1 点至 3 点为丑时，3 点至 5 点为寅时，5 点至 7 点为卯时，7 点至 9 点为辰时，9 点至 11 点为巳时，11 点至 13 点为午时，13 点至 15 点为未时，15 点至 17 点为申时，17 点至 19 点为酉时，19 点至 21 点为戌时，21 点至 23 点为亥时。同时又将一个时辰分为八刻，包括上四刻和下四刻。

人身气血的运行是寅时（即凌晨 3 点）从中府注入手太阴肺经，途经十一个穴位；于卯时（即 5 点）交于手阳明大肠经，又途经手阳明大肠经的二十个穴位；于辰时（即 7 点）交于足阳明胃经，又途经足阳明胃经的四十五个穴位；于巳时（即 9 点）交于足太阴脾经，又途经足太阴脾经的二十一个穴位；于午时（即 11 点）交于手少阴心经，途经手少阴心经的九个穴位；于未时（即 13 点）交于手太阳小肠经，途经手太阳小肠经的十九个穴位；于申时（即 15 点）交于足太阳膀胱经，途经足太阳膀胱经的六十七个穴位；于酉时（即 17 点）交于足少阴肾经，途经足少阴肾经的二十七个穴位；于戌时（即 19 点）交于手厥阴心包经，途经手厥阴心包经的九个穴位；于亥时（即 21 点）交于手少阳三焦经，途经手少阳三焦经的二十三个穴位；于子时（即 23 点）交于足少阳胆经的四十四个穴位，于丑时（即凌晨 1 点）交于足厥阴肝经，途经足厥阴肝经的十四个穴位，于寅时（即 3 点）交于手太阴肺经。至此则又从肺经起，此十二经与十二时辰相循环而生生不息。

二、十四经穴歌诀

1. 手太阴肺经穴歌诀

手太阴肺十一穴，中府云门天府诀。
侠白尺泽孔最存，列缺经渠太渊涉。
鱼际少商如韭叶，左右二十二孔穴。（图 2-1）

2. 手阳明大肠经穴歌诀

手阳明穴起商阳，二间三间合谷藏。
阳溪偏历温溜长，下廉上廉手三里。
曲池肘髎五里近，臂臑肩髃巨骨当。

图 2-1

天鼎扶突禾髎接，鼻旁四分号迎香。（图2-2）

3. 足阳明胃经穴歌诀

四十五穴足阳明，头维下关颊车停。
承泣四白巨髎经，地仓大迎对人迎。
水突气舍连缺盆，气户库房屋翳屯。
膺窗乳中延乳根，不容承满梁门起。
关门太乙滑肉门，天枢外陵大巨存。
水道归来气冲次，髀关伏兔走阴市。
梁丘犊鼻足三里，上巨虚连条口位。
下巨虚跳上丰隆，解溪冲阳陷谷中。
内庭厉兑经穴终。（图2-3）

4. 足太阴脾经穴歌诀

二十一穴脾中州，隐白在足大趾头。
大都太白公孙盛，商丘三阴交可求。
漏谷地机阴陵穴，血海箕门冲门开。
府舍腹结大横排，腹哀食窦连天溪。
胸乡周荣大包随。（图2-4）

图 2-2

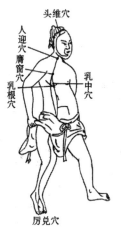

图 2-3

图 2-4

5. 手少阴心经穴歌诀

九穴午时手少阴，极泉青灵少海深。
灵道通里阴郄邃，神门少府少冲寻。（图2-5）

6. 手太阳小肠经穴歌诀

手太阳穴一十九，少泽前谷后溪薮。
腕骨阳谷养老绳，支正小海外辅肘。
肩贞臑腧接天宗，髎外秉风曲垣首。
肩外腧连肩中腧，天窗乃与天容偶。
锐骨之端上颧髎，听宫耳前珠上走。（图2-6）

7. 足太阳膀胱经穴歌诀

足太阳经六十七，睛明目内红肉藏。
攒竹眉冲与曲差，五处上寸半承光。
通天络却玉枕昂，天柱后际大筋外。
大杼背部第二行，风门肺腧厥阴四。
心腧督腧膈腧强，肝胆脾胃俱挨次。
三焦肾气海大肠，关元小肠到膀胱。
中膂白环仔细量，自从大杼至白环。
各各节外寸半长，上髎次髎中髎下。
一空二空腰髁当，会阳阴尾骨外取。
附分侠脊第三行，魄户膏肓与神堂。
譩譆膈关魂门九，阳纲意舍与胃仓。
肓门志室胞肓续，二十椎下秩边场。
承扶臀横纹中央，殷门浮郄到委阳。
委中合阳承筋是，承山飞扬踝跗阳。
昆仑仆参连申脉，金门京骨束骨忙。
通谷至阴小指旁。（图2-7）

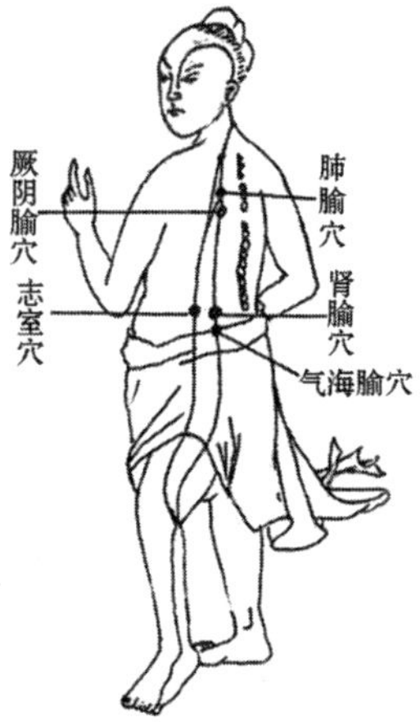

8. 足少阴肾经穴歌诀

足少阴穴二十七，涌泉然谷太溪溢。

图2-5

图2-6

图2-7

大钟水泉通照海，复溜交信筑宾实。
阴谷膝内跗骨后，以上从足走至膝。
横骨大赫联气穴，四满中注肓腧脐。
商曲石关阴都密，通谷幽门寸半辟。
折量腹上分十一，步廊神封膺灵墟。
神藏彧中腧府毕。（图2-8）

图2-8

9. 手厥阴心包经穴歌诀

九穴心包手厥阴，天池天泉曲泽深。
郄门间使内关对，大陵劳宫中冲侵。（图2-9）

10. 手少阳三焦经穴歌诀

二十三穴手少阳，关冲液门中渚旁。
阳池外关支沟正，会宗三阳四渎长。
天井清冷渊消泺，臑会肩髎天髎堂。
天牖翳风瘈脉青，颅息角孙丝竹张。
和髎耳门听有常。（图2-10）

图2-9

图2-10

11. 足少阳胆经穴歌诀

少阳足经瞳子髎，四十四穴行迢迢。
听会上关颔厌集，悬颅悬厘曲鬓翘。

率谷天冲浮白次，窍阴完骨本神邀。
阳白临泣目窗辟，正营承灵脑空摇。
风池肩井渊腋部，辄筋日月京门标。
带脉五枢维道续，居髎环跳风市招。
中渎阳关阳陵穴，阳交外丘光明宵。
阳辅悬钟丘墟外，足临泣地五侠溪。
第四指端窍阴毕。（图2-11）

12. 足厥阴肝经穴歌诀

一十四穴足厥阴，大敦行间太冲侵。
中封蠡沟中都近，膝关曲泉阴包临。
五里阴廉急脉穴，章门常对期门深。（图2-12）

图 2-11

图 2-12

13. 任脉经穴歌诀

任脉会阴两阴间，曲骨毛际陷中安。
中极脐下四寸取，关元脐下三寸连。
脐下二寸名石门，脐下一寸气海全。
脐下半寸阴交穴，脐之中央神阙然。
脐上一寸为水分，脐上两寸是下脘。
脐上三寸名建里，脐上四寸即中脘。

脐上五寸上脘在，巨阙脐上六寸安。
鸠尾软骨下五分，中庭膻下六分间。
膻中横线两乳中，膻上寸六玉堂然。
膻上紫宫三寸二，膻上四八华盖全。
膻上五八为璇玑，玑上一寸天突间。
天突喉下约四寸，颔下骷位是廉泉。
承浆颐前唇棱下，任脉腹里行中间。
（图 2-13）

图 2-13

14. 督脉经穴歌诀

尾闾骨端是长强，二十一椎腰腧当。
十六阳关十四命，十三悬枢脊中央。
十椎中枢筋缩九，七椎之下乃至阳。
六灵五神三身柱，陶道一椎之下乡。
一椎之上大椎穴，上至发际哑门行。
风府一寸宛中取，脑户二五枕之方。
再上四寸强间位，五寸五分后顶强。
七寸百会顶中取，耳尖前后发中央。
前顶囟后一寸半，星后一寸囟会量。
发际一寸上星地，五分神庭切勿忘。
鼻端准头素髎穴，水沟鼻下人中藏。
兑端唇上端上取，龈交唇内齿缝乡。
（图 2-14）

三、十二经相传次序歌

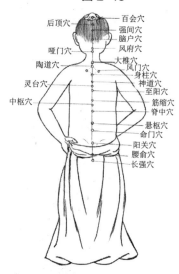

图 2-14

肺大胃脾心小肠，膀肾包焦胆肝续。
手阴藏手阳手头，足阴足腹阳头足。

解：

人身正脉有十二经，每于寅时，营气始于中焦，上注于手太阴肺经，自胸中而出于中府，至于少商，依次行于手阳明大肠等十二经，终于足厥阴肝经，而复始于手太阴肺经。凡手之三阴，从脏走手；手之三阳，从手走头；足之三阴，从足走腹；足之三阳，从头走足。周流不息，循环无端。

四、十二经气血多少歌

多气多血惟阳明，少气太阳厥阴同。
二少太阴常少血，六经气血要分明。

解：

手阳明大肠、足阳明胃，此二经多气多血；三焦、胆、肾、心、脾、肺，此六经多气少血；心包络、膀胱、小肠、肝，此四经多血少气。

五、血头五枝歌

点穴之妙在血头，何时点打须追求。
何时正头注何处，何时气血经穴流。
五枝血头须详辨，丝毫偏误不可有。
更考时辰多变幻，悉知五枝血注头。
切记交手抢直头，若失良机命必休。
劝君切莫忘练气，点穴无气功白丢。

解：

气血运行的血头，共分五个枝头：上、下、左、右共四枝，即是十二正经的血头运行方式，在"十二经相传次序歌"中已言明；与中前一枝，合而为五枝。

五枝中以正中一枝的各个绝穴最为重要。正中一枝者，即人身的任督二脉，此二经的气血是 相当旺盛的，因为任脉统督一身之阴脉，督脉统督一身之阳脉，乃人身经脉之总纲。

秘传中的点穴术，主要手法都是针对此二脉而来的，歌诀中的"切记交手抢直头"，"直头"即正中一枝之血头。

从36绝穴中可以看到，任督二脉所占绝穴就有18个，可想而知，点穴术的千古之秘，所针对目标是什么，不言自明。

六、正中血头行走穴道应时歌

人身之血有一头，日夜运行不停留。

遇时遇穴若伤损，治不及时命必休。

子时走往鸠尾穴，丑时须向膻中求。

廉泉是寅印堂卯，辰到百会巳风府。

午时却到灵台会，左右肾腧分在未。

尾闾属申海底酉，关元俱为戌时位。

神阙只等亥时来，刻记心中功莫费。

解：

此歌诀讲述了任督二脉的气血运行时辰，以每个时辰一个主穴，在一个主穴之中，若没遇正时、正点，当可上下左右循经寻找七个辅穴与时刻对应，只有这样才能点中血头，不知此秘者，即使指洞其肉，也难收点穴之妙。

子时（23点至第二天1点）从胸中气血注入鸠尾穴，鸠尾穴上有中庭，下有巨阙，此可按时辰的上四刻和下四刻见机寻穴。

丑时（1点至3点）气血注入膻中穴，膻中穴上方有玉堂、绛宫、华盖、璇玑诸穴。

寅时（3点至5点）气血注入廉泉穴，廉泉穴下有咽喉、天突诸穴。

卯时（5点至7点）气血注入印堂穴，印堂穴下有山根、人中穴，上有神庭、上星、囟会诸穴。

辰时（7点至9点）气血注入百会穴，百会穴前后有前顶、后顶诸穴。

巳时（9点至11点）气血注入风府穴，风府穴的前后有玉枕、脑户、哑门诸穴。

午时（11点至13点）气血注入灵台穴，灵台穴的前后有大椎、身柱、神道、至阳、筋缩、中枢、脊中诸穴。

未时（13点至15点）气血注入肾腧穴，肾腧穴里有命门穴，外有志室穴，故点击肾腧穴在传统点穴术中称之为"一计害三贤"，即一点打可伤命门、肾腧、志室三穴，并且命门的前后有悬枢、阳关诸穴。

申时（15点至17点）气血注入尾闾穴。尾闾穴又被称为八卦穴，因周围穴位比较丰富，故蕴含一穴被点多穴伤之意。

酉时（17 点至 19 点）气血注入海底穴，海底穴也叫会阴穴，在肛门与前阴交界之点。

戌时（19 点至 21 点）气血注入关元穴，关元穴前后有曲骨、中极、石门、气海诸穴。

亥时（21 点至 23 点）气血注入神阙穴，神阙即肚脐，属人身十三窟之一，其位置之前后有阴交、水分、下脘、建里诸穴。

文至于此，已将寻径之法述明，学者必须熟记于心，并多加研究，方能得其奥秘，如马虎行事，不加推敲，不予思考，虽真传秘诀，无异于废纸残渣一堆，是以操持此术者，必儒雅聪慧、文武兼通方能深窥其幽邃。

第三章　考问

学习点穴之术，在认穴、寻径有相当功底之后，即可进一步研习考问功夫。

考问之法，有如老师先讲课，再提问考试，看学生是否已掌握所学知识，若所答无误，方为有成。

下面即把绝穴的血头流注时辰、穴伤后的反应、手法解救、用药方义等秘诀一一详解，学者必须熟读深记之，不背得滚瓜烂熟不算过关。

一、问：百会穴何时点击为准？受伤后有哪些症状？解救方法是什么？

答：百会逢辰落太阳，西牛坠地不吉祥。

头晕目暗人羸弱，英雄三日也命亡。

每天早上7点至9点，血头刚好注百会穴，此时击伤该穴，重者会立即死亡。一般情况下受伤后，当时神志昏闷，人事不省，牙关紧闭，四肢僵直，握拳者尚可有救；撒手遗尿者无救。苏醒后出现神志痴呆、失音不语的症状。较轻者则出现巅顶刺痛、头部烘热、眩晕欲呕、耳鸣、耳聋、记忆力锐减等症状。

凡是见到百会穴被点击时，须立即点压前顶、风府、脑户、申脉诸穴，然后将两手经眉心分推左右太阳至两耳，再和揉眉心，按摩印堂。随后从头顶到脑后风池、风府移推。再用手摇动颈部，推肩井、太阳、大椎诸穴。

必要时速用拿法，拿极泉穴以开胸理气，拿肩井穴以通气行血，拿会阴穴以利全身关窍经络，醒脑灵神。

二、问：神庭穴何时点击为准？受伤后有哪些症状？解救方法是什么？

答：神庭遇时被击中，泰山压顶势不同。

头肿神昏胸欲吐，二便自滑药亡功。

神庭穴的开闭只在呼吸之间，吸气即开，呼气则闭，随时可击打。一旦受伤后，会头部晕痛，并牵引项背出现疼痛的现象，严重时可出现神志昏迷不清，痴呆少语，口角流涎，头肿，神昏欲吐等症状，大小便自滑无知者死。

凡见神庭穴受伤，先用泻的手法点按风府、百会、攒竹、睛明4穴。

三、问：印堂穴何时点击为准？受伤后有哪些症状？解救方法是什么？

答：卯时鸡心打印堂，两手分张身后仰。

额伤脑肿颅底破，顷刻之间命必殃。

每天早晨5点至7点，气血注入印堂穴，此时击伤该穴，若伤重出现头部肿大如斗者，不治，数日内性命堪忧。如果仅仅只是局部红肿，或虽然皮破出血，但不红肿者可治。印堂穴受伤后，头部（尤以前额部）昏闷沉重，刺痛难忍，时见眩晕，眼目昏花，眉棱骨痛，鼻腔胀寒不舒，或见鼻衄。必须引起重视的是，印堂穴受伤不论轻重，一定要及时诊治，否则，即使生命无虑，也必致目盲。

凡遇印堂穴被伤者，立即点按地仓、廉泉穴位，再按摩两太阳穴，继揉眉心推过上星、百会到风池、风府，轻揉颈项。再拿肩井、天府2穴，左右胸部向下推之。

四、问：人中穴何时点击为准？受伤后有哪些症状？解救方法是什么？

答：人中逢着寅卯伤，昏闷呕吐头晕胀。

齿伤唇裂身僵挺，三日必死空惆怅。

每天早晨4点至6点，气血注入人中穴，此时击打该穴，一旦受伤，主要表现为口噤不开，饮食难进，若破损则易引起暴肿，而致神昏，预后多不良。出现牙龈肿胀，牙关紧闭，失音不语，口内感觉干燥烦渴，口眼歪斜、鼻衄、齿衄流血不止等症状。

人中穴的受伤的解救手法与印堂穴受伤后的解救手法相同。

五、问：耳门穴何时点击为准？受伤后有哪些症状？解救方法是什么？

答：耳门遇亥被点伤，昏闷失智势难当。

轻点脑中嗡嗡响，重击当日见阎王。

每天晚上10点45分，气血注入耳门穴，此时击伤该穴，伤重者可致死亡，或见昏迷不醒，在迷糊中死去，或醒后出现口噤不语的症状。轻者出现耳痛、耳聋、耳鸣、重听、头痛（多为偏头痛）、脑晕、以及牙床活动困难等症状。

耳门穴受伤后，立即用重手法掐取人中、急脉、阴廉3处穴位，再用两手捧住两耳门连接3下，掐住鼻子提3下，后用手向上左右分推到头顶数把。接着向下推至肩井，又横推至风府。最后拿肩井、极泉、会阴3穴，推按颅息、角孙、颊车、听会4穴。

六、问：太阳穴何时点击为准？受伤后有哪些症状？解救方法是什么？

答：太阳本为神光门，需在上午巳时寻。

点后昏胀又呕吐，难过半日归西天。

每天上午9点至11点，气血注入太阳穴，此穴本为经外奇穴，随时点击都会令人昏闷不醒，击伤该穴，若是在气血正注于此穴之时严重者立即殒命；较轻者在7日后亦有危险，万勿掉以轻心。 太阳穴青筋暴凸，凹陷处向外突起者，预后多不良。当太阳穴受伤后，还可出现持续性头部昏闷刺痛，眼目昏花，甚至视力丧失，步履虚浮不稳等症状。如果治疗不当，可能会留下后遗症，即太阳穴长期疼痛不已，神疲乏力，尤其是在上午8点至11点钟左右特别剧烈而不能消除。

太阳穴受伤后的解救手法与耳门穴受伤后的解救手法相同。

七、问：风池穴何时点击为准？受伤后有哪些症状？解救方法是什么？

答：风池若在丑时点，大罗神仙也难生。

眼前红光冒金星，击重五日奔黄泉。

每天凌晨 1 点至 3 点，气血注入风池穴。此时击伤该穴就会出现颈项强痛，活动不灵，头痛眩晕，耳鸣作响，或见鼻衄，头昏闷，呕吐等症状。数日内性命堪忧。

风池穴一旦受伤后，立即点按耳窍、天突、乳根、丹田、腰眼诸穴，再按摩患处周围，手推左右数下。

八、问：哑门穴何时点击为准？受伤后有哪些症状？解救方法是什么？

答：哑门俗名叫对口，巳时被点周身抖。

元神失控身无主，言语不清步难走。

每天上午 10 点左右，气血注入哑门穴。低头时穴门开，点击照样生效。哑门穴在气血正注入以及低头穴门开时被点伤，数日内性命堪忧。受伤者严重会立即倒仆，四肢震颤气闭，一般多预后不良。轻者则出现眼痛、耳痛、头晕、舌尖露出、饮食不进、言语不清等症状。

哑门穴一旦受伤，应立即点按耳窍、天突、乳根、丹田、腰眼诸穴，再按摩患处周围，手推左右数下。

九、问：咽喉穴何时点击为准？受伤后有哪些症状？解救方法是什么？

答：咽喉穴到寅时间，遇上点击莫想生。

如核阻喉难吞吐，百日羸弱到幽冥。

在每天凌晨 3 点钟，气血注入咽喉穴，如果在气血正注入该穴之时点打受伤，数日内性命堪忧。受伤严重者会立即气闭倒仆，面青唇紫者多预后不良。轻者则出现咽喉肿痛，呼吸不畅，口噤失音，甚至咳吐血沫，饮食不畅等症状。

咽喉穴一旦受伤，立即点推璇玑、廉泉 2 穴。

十、问：人迎穴何时点击为准？受伤后有哪些症状？解救方法是什么？

答：辰时人迎受点击，颈肿咽痛脸发紫。

头晕脑胀血瘀滞，气闭难救即时死。

每天早上7点至9点，气血注入人迎穴，仰头并向外侧颈时穴门开。受伤严重者立即昏迷不醒。轻者则出现气急作哽，咽喉肿痛，头晕，两侧头部胀痛，口鼻血衄，胸闷不舒等症状。

人迎穴一旦被点伤，立即重手法刺激气户、气舍、人中3穴。

十一、问：膻中穴何时点击为准？受伤后有哪些症状？解救方法是什么？

答：丑时膻中被点伤，心如刀绞倒当场。

气血上涌人难过，咳吐鲜血三七亡。

每天凌晨1点至3点，气血注入膻中穴，挺胸时穴门开。膻中穴被点伤，数日内性命堪忧。所以，膻中穴被击伤后，不能拖延，必须及时治疗。受伤者出现胸窝刺痛，两肋气窜，胁肋疼痛逐渐加剧，喘促，胸闷如压重磨，干咳，甚至带血丝或者出现咳血现象，心悸、怔忡，或见食入即吐的症状。

膻中穴一旦受伤，立即点按玉堂、华盖、神封、神藏4穴。

十二、问：鸠尾穴何时点击为准？受伤后有哪些症状？解救方法是什么？

答：子时点击胸鸠尾，肚内翻腾气串肋。

佝腰驼背哀哀啼，吐血不止当场毙。

每天深夜23点至第二天凌晨1点，气血注入鸠尾穴，受伤不论轻重，都会造成瘀血内积严重，伤势严重者数日内性命堪忧，所以一旦受伤必须急治，不能延误。出现伤处疼痛，如针刺斧劈，胸肋疼痛不已，唾血，甚至吐血，呃逆，食则呕吐，呈现心区绞痛；或见周身疼痛，泄痢不止，尿见白浊；痰火瘀阻于内，轻则出现咳嗽、喘促、身屈腰佝、出汗等症状。

鸠尾穴一旦受伤，立即点按或叩击脾腧、胃腧、膈腧、梁门、中极等穴，抓拿肩井、极泉、中府、中沟4穴，用手法左右分推数十下，从中向下直推数下。

十三、问：乳中穴何时点击为准？受伤后有哪些症状？解救方法是什么？

答：乳中穴在辰时至，击点力透天地转。

胃经被阻至七日，英雄也只空叹息。

每天早晨7点35分，气血注入乳中穴，一旦被击伤，可令乳肿，女子内有硬块，疼痛难忍，状似乳腺炎，兼见胸胁胀闷，时有刺痛感，并出现干呕，呃逆，胃脘胀满，不思饮食，四肢麻木，疼痛连心等症状。

乳中穴一旦受伤，立即推擦膺窗、乳上、乳下、乳根部，以从中央向两边顺推为主。

十四、问：膺窗穴何时点击为准？受伤后有哪些症状？解救方法是什么？

答：膺窗逢辰被打伤，两手挥去血进仓。

二鬼拍门常咳嗽，口吐鲜血一年亡。

每天上午8点左右，气血注入膺窗穴，挺胸呼气时穴门开。一旦被点击伤，会出现咳嗽，呼吸困难，重者呕血，震动心脏停止供血，即休克昏倒等症状。右膺窗被重击者吐血者多，左膺窗被打重者危，重伤者数日内性命堪忧，轻伤失治患终身胸痛症。

膺窗穴一旦受伤，立即点按气门、乳根2穴，再推擦膺窗四周各穴开胸，左右分推数下，抓患者之双肩，轻抖数下，使其咳嗽数声，再抓拿肩井、极泉、肺腧、中沟4穴。

十五、问：巨阙穴何时点击为准？受伤后有哪些症状？解救方法是什么？

答：巨阙遇着亥时伤，冲击肝胆震心脏。

头晕眼花胸剧痛，二甲日衰蜷曲亡。

每天 23 点，气血注入巨阙穴。一旦被击伤，则出现头晕眼花，不省人事，吐血，气闭，胸大痛，呕吐，呼吸困难，站立不起，汗出如珠，甚至昏死（休克）等症状。极重的点击力伤及此穴，伤者数日内性命堪忧。

巨阙穴一旦受伤，立即手法治疗，须在后背寻得巨阙骨相依托的大肋骨根部，用双掌同拍肋骨之根，拍下时就可见伤者之胸前凸，巨阙处所伤之骨就会弹起，伤者即可苏醒；另一法是打法救之，向伤者后背右边肺底穴约下半分，劈拳打一下，再用双掌拍双肩胛骨处一下即醒。

十六、问：商曲穴何时点击为准？受伤后有哪些症状？解救方法是什么？

答：酉时商曲穴被点，腹痛汗出吐血急。

伤气滞血肠胃震，只存五月丧黄泉。

每天 19 点左右，气血注入商曲穴。一旦被击伤，经络受阻，败血逆冲于上引起腹痛，出汗，吐血，小便不通，呃逆，甚至食则呕吐。此穴亦名气门、血门，易与膺窗、乳根、不容等穴混称。该穴被点伤，大多是小肠，动、静脉，神经与肠本体受伤，伤者伤后失治，自感血气上涌，吐血者危，重伤者性命堪忧。

商曲穴一旦受伤，立即按内关、曲池、不容、梁门 4 穴。

十七、问：期门穴何时点击为准？受伤后有哪些症状？解救方法是什么？

答：丑末乳下切期门，青龙闹海不容情。

饮食难进气喘息，皮枯羸瘦只月余。

每天凌晨 3 点，气血注入期门穴。屈膝，一膝前屈，一膝跪于地上，后臀微坐在脚跟上，双手按前屈之膝盖，肘向两侧抬平，此时期门穴穴门即开。此穴有一特殊性，穴门不开时亦可打击，只是不易被伤，哪怕受伤也不立即发作，即使发作也不甚痛，到了第二天或第三天才会严重起来。

若正当气血注入之时期门穴受伤，伤者数日内性命堪忧，故须急治，不可延误。期门穴受伤，会出现伤处漫肿、胁肋胀痛或刺痛难忍，并可见腹部胀闷、食欲不振或食则呕吐的症状，这是因气血瘀阻，气逆于上的缘故，兼见二目胀痛。

期门穴一旦受伤，及时按摩本穴以及日月、京门、梁门3穴，再用全身大推法，患处上下周围分推数下，后按摩揉摸患处，并抓拿肩井、中沟、肺腧3穴。

十八、问：章门穴何时点击为准？受伤后有哪些症状？解救方法是什么？

答：章门逢着丑时来，火速前去买棺材。

瘫软仆地难立起，血枯咳喘两月埋。

每天凌晨2时30分，气血注入章门穴，腿屈微蹲呈跪步状，右手微后摆，左手上平举于体前，屈肘时作推掌状，此时两侧章门穴穴门即开。

如果是正在气血注入此穴之时章门穴受伤，伤者数日内性命堪忧，所以必须急治，方保无虑。章门穴受伤后出现胁肋胀痛，满闷不舒，甚至由于瘀血内阻，患者感到刺痛难忍，活动受到限制，手臂不能上举，上举则觉胁肋牵掣作痛，气短，咳逆，食欲不振，神疲乏力，小便不利或见浮肿，咳嗽频繁，全身麻木等症状。

章门穴受伤后的解救手法与期门穴受伤后的解救手法相同。

十九、问：京门穴何时点击为准？受伤后有哪些症状？解救方法是什么？

答：子时循行至胆经，京门被点笑杀人。

腰肋胀痛血小便，轻伤也只三日春。

每天凌晨1点左右，气血注入京门穴。在双臂屈肘，右手摸头，左手摸肘，左脚跟放在右脚膝上，右腿屈膝，背腰微后凸之时，京门穴穴门即开。

京门穴受伤可出现腰痛剧烈，气窜胸肋，小便带血，心悸怔忡，咳嗽连声，夜寝不安，腹泻，粪便中带油脂样物等症状，如不能根治者，3个月必死。京门亦名腰眼、笑腰穴，伤者数日内性命堪忧。此穴被点后对手会立即丧失攻击力，因此本穴受到点穴家们的极度重视，若从侧锋攻入，易造成肾被打破的后果，肾破后，伤者数日内性命堪忧，轻伤失治会留下终身腰疾。

京门穴一旦受伤，先用手法泻三阴交，再补合谷穴的手法，按"泻六补九"原则，用大拇指侧缘下刮三阴交6下，然后，再上推合谷穴9下，双手同时进行操作，疏通全身经络之气。

二十、问：神阙穴何时点击为准？受伤后有哪些症状？解救方法是什么？

答：神阙若在亥时伤，满腹气窜势难挡。

　　浑身流汗神晕厥，上下不通七日亡。

每天21点至23点，气血注入神阙穴。在鼓腹时穴门即开，不鼓腹腰后鞠时穴门即闭合，直立时穴门半开半闭。打击此穴，只要腰不后弓、腹不后凹就可完成，鼓腹时伤重，直立时伤轻。

神阙穴一伤，腹痛，满腹经窜，四肢无力，浑身流汗，吐血，腹泻或下泻，昏厥，上下不通者死。

神阙穴一旦受伤，立即点按关元腧、石门、璇玑3穴，缓和地从胸前胃部向下运推至丹田部位，在丹田周围分推疏通。

二十一、问：气海穴何时点击为准？受伤后有哪些症状？解救方法是什么？

答：戌亥之间气海伤，汗如雨下腹痛狂。

　　气血上冲口吐红，打重九日命必丧。

每天21点左右，气血注入气海穴。左腿屈膝，右脚放在左膝上，左手握拳后摆，右手屈肘立掌作蹲伏状时，气海穴门开。

气海穴受伤主要表现为腹部胀满，痛如针刺，自觉有气上逆，攻冲肺胃而见气短喘促，饮食大减，大便秘结，小便自遗，神疲乏力，四肢萎软，面色苍白，夹有青灰浅气色容，血气上冲吐血，严重者可出现虚脱而神志昏迷等现象。

气海穴受伤后的解救手法与神阙穴受伤的解救手法相同。

二十二、问：元宫穴何时点击为准？受伤后有哪些症状？解救方法是什么？

答：脐下元宫戌时伤，恰似猴儿入肚肠。

上吐下滑无收药，难挨一月见阎王。

在每天的 19 点至 21 点时，气血注入元宫穴，如果此时被点，重伤者数日内性命堪忧。在受伤后，可见小腹疼痛，痛如针刺，或见胀痛不已，满闷不舒。由于元宫穴乃人身元气积聚之处，一旦受伤则元气大损。男子所见症状有神疲乏力、四肢倦怠、气短、遗精、阳痿、遗尿、头目昏眩、便血、尿血；女子所见症状有月经来时腹部胀痛，甚至不孕。

元宫穴受伤后的解救手法与神阙穴受伤后的解救手法相同。

二十三、问：中极穴何时点击为准？受伤后有哪些症状？解救方法是什么？

答：戌初击伤中极穴，冲击腹壁破气机。

药石汤进不及时，十日必死不稀奇。

每天 19 点左右，气血注入中极穴，若正处于气血注入该穴之时受伤，冲击腹壁动、静脉和神经，震动乙状结肠，伤气机，受伤过重者，立刻致死。若受伤稍重，致大小便闭塞不通者，其症亦危，若不早治，数日内性命堪忧。受伤稍轻，当时虽不觉危险，也不服药，但至百日后，亦性命堪忧。

中极穴一旦受伤，急用手法点按昆仑、委中、肾腧、膝眼、维道 5 穴，再按肚脐，缓柔疏动推之，上下左右各数十下，于患处再结合按摩。

二十四、问：曲骨穴何时点击为准？受伤后有哪些症状？解救方法是什么？

答：酉末曲骨穴被击，腹痛腰胀便流血。

气滞血瘀周天阻，阴缩汗脱辞世别。

每天 19 点，气血注入曲骨穴。直立前挺腹，即小腹部前顶时穴门开。重伤者立即死亡，较重者面色青灰，无有光彩，冷汗淋漓，腰胀腹痛，小便闭或流血，骨盆痛，患处胀痛剧烈，两腿发软，行动不便，动则痛剧。男子睾丸上缩，俯身不能直立；女子子宫下垂，经乱不调等。

曲骨穴受伤后的解救手法与中极穴受伤时的解救手法相同。

二十五、问：腹结穴何时点击为准？伤后有哪些症状？解救方法是什么？

答：腹结逢着巳时点，槛内猪儿不顺情。

心中闷乱痛如绞，只活两日命归阴。

每天上午9点至10点，气血注入腹结穴。直立上提腿时穴门开。一旦被击伤，即出现腹痛，肠痛，身屈不直，吐血，吐、泻或直泻不收，或吐泻并作，小便不收，大便长流的症状。伤左者，受伤过重，吐鲜血者不救，未见血者稍轻，然亦宜早治，否则性命堪忧。伤右者，受伤过重，数日内性命堪忧。稍重者气血阻滞，呼吸作痛，不治者，2个月内性命堪忧。因伤势尚轻，忽于治疗，并未服药者，一年内性命堪忧。

腹结穴受伤后，急用掌摩擦伤处周围，点按前面相临穴位，揉按腹哀穴。

二十六、问：灵台穴何时点击为准？受伤后有哪些症状？解救方法是什么？

答：背心灵台午时伤，五脏六腑不安康。

金鸡入栖不出屋，心中刀绞殒命亡。

每天上午11点至12点，气血注入灵台穴，此时一旦被击伤，伤者当即昏迷不醒，脊背剧烈刺痛，气闭眼黑，四肢发麻，喘促，干咳，甚至咳血。其人面色苍白无华，语言轻微而无力。

灵台穴一旦受伤，及时点按肺腧、神道2穴，抓拿肩井、极泉、中府、肺腧、中沟、下沟诸穴，在患处上下左右分推数次、按摩。

二十七、问：命门穴何时点击为准？受伤后有哪些症状？解救方法是什么？

答：命门气聚寿年长，未时被击命必亡。

治不及时仍瘫痪，赖活时日也不长。

每天13点至15点，气血注入命门穴。撅臀时穴门开。此时一旦受伤，数日内性命堪忧，所以必须立即救治。命门穴受伤的症状为腰脊刺痛，患穴周围漫肿，腰痛不能俯仰转侧，咳嗽时都感觉震痛难忍。甚者可延伸至两腿痿软，不能行走，最后麻痹瘫痪。兼症有神疲乏力，头晕耳鸣，小便频繁。男子出现遗精、阳痿的现象，女子出现月经紊乱诸症。

命门穴一旦受伤，立即推拿肺腧、肩井、中沟3穴，再从背后分推数下，按揉患处。

二十八、问：尾闾穴何时点击为准？受伤后有哪些症状？解救方法是什么？

答：尾闾时逢申时点，犹如狂犬入肛门。

寒热往来腰肚痛，卧床难起一年春。

每天15点至17点，气血注入尾闾穴。此时尾闾穴受伤后，伤者立刻软瘫。一旦伤后可见尾脊疼痛，牵掣腰部疼痛，腿膝无力，甚至瘫痪。兼症有便秘、便血、脱肛。

尾闾穴一旦受伤，及时在脐下用手推揉按摩数十下，点按患处周围穴位。

二十九、问：海底穴何时点击为准？受伤后有哪些症状？解救方法是什么？

答：海底酉时遭点伤，双蛇入洞难上扬。

痛如刀绞汗如雨，难过七日命必亡。

每天17点至19点，气血注入海底穴，在体前倾、臀后撅时穴门开。此穴受伤多是在意外时发生，打中的时候多半是在穴门未开及气血尚未注入的时候。因此，此穴受击极易致伤。故须急治。

海底穴受伤，伤者可当即倒仆，昏迷不醒，苏醒后疼痛剧烈，身体不能直立，面色青紫或苍白泛灰。男子阴茎龟头肿胀，睾丸积液，二便不通，其中尤以小便癃闭为甚，肛门肿痛；女子阴部肿胀，子宫轻度脱垂，伤处积血现象严重，小便不通，肛门肿痛，月经闭止或经乱不调。

海底穴受伤，病情危重者伤气晕厥，当配合针刺人中、涌泉2穴，待苏醒后即可用温开水冲白糖四两，令其频服，急送医院救治。若见睾丸缩入小腹者，应急用手挽其阴囊，令不上缩，并取梅片、肉桂各一钱，元寸、樟脑各三分，共研磨成粉末用醋调匀敷于肚脐，则可见其回纳囊中。

三十、问：肺腧穴何时点击为准？受伤后有哪些症状？解救方法是什么？

答：申时若把肺腧伤，震击心肺咳嗽亡。

打重不出三日死，救回终生嗽殃殃。

每天 15 点左右，气血注入肺腧穴。一旦被击伤，冲击肋间神经和动脉而充血破气。背部肌肉痛，胸内痛，呼吸受控，气窜前胸，咳嗽吐血，治疗不及时，常咳嗽痰多，痰中带血，胸闷不舒，重伤者数日内性命堪忧。

肺腧穴一旦受伤，急点按风池、哑门、肩外腧、秉风 4 穴，再用拇指按住穴位，从上向患处推摩数次，再随手提动颈中大筋，抓拿肩井、天柱、气舍等穴。

三十一、问：肾腧穴何时点击为准？受伤后有哪些症状？解救方法是什么？

答：未时击中肾腧经，气机被伤莫想生。

咳嗽吐痰血小便，肾破一笑归黄泉。

每天 15 点钟左右，气血注入肾腧穴。一旦被击伤，冲击肾脏，伤气机，腰痛、便血、骨折、咳嗽，受伤过重者性命堪忧。口吐鲜血或痰中带血者皆系危象，不易救治，若不见此现象者可治，治不及时易出现截瘫的后果。

肾腧穴受伤后的救治手法与命门穴受伤后的救治手法相同。

三十二、问：厥阴腧穴何时点击为准？受伤后有哪些症状？解救方法是什么？

答：厥阴腧乃膀胱经，破伤气机与肺心。

申时若遭点击打，咳嗽吐血命归阴。

每天 15 点至 17 点，气血注入厥阴腧穴。厥阴腧穴受伤冲击心、肺二脏，破气机。出现心悸、流汗、咳嗽吐血、周身无力、胸背痛、呼吸引痛等症状，若被重击则性命堪忧。

厥阴腧穴一旦受伤，立即点按肺腧、神道 2 穴，抓拿肩井、极泉、中府、肺腧、中沟、下沟 6 穴，在患处上下左右分推数次。

三十三、问：气海腧穴何时点击为准？受伤后有哪些症状？解救方法是什么？

答：申时气海腧被击，肾脏受损阻血气。

小便淋血药亡效，百日黄昏泪哀啼。

每天 16 点左右，气血注入气海腧穴。此时受伤冲击肾脏，阻血破气，重伤者立刻致死，稍重者不及早医治，则性命堪忧。

气海腧穴一旦受伤，急推拿肺腧、肩井、中沟 3 穴，再从背后分推数下，按揉患处。

三十四、问：环跳穴何时点击为准？受伤后有哪些症状？解救方法是什么？

答：子时气血注环跳，一点下肢如箭绕。

打重倒床易瘫痪，终生残疾药亡效。

每天深夜 23 点半左右，气血注入环跳穴。此时一旦受伤，患处以及腰腿疼痛剧烈，可放射至脚跟部，腿足挛缩，不能屈伸和行动，大腿脱臼，发酸难忍，严重者可致瘫痪。

环跳穴一旦受伤，可点按委中、五枢、维道、膝眼、肾腧、昆仑 6 穴。

三十五、问：志室穴何时点击为准？受伤后有哪些症状？解救方法是什么？

答：申时巧点志室穴，腹胀咳嗽腰难伸。

轻点三十六日死，肾坠一笑即归天。

每天 15 点至 17 点，气血注入志室穴。在双脚下蹲，上体俯于双大腿上，双手体前抱拳，目视上方时，穴门即开。此时一旦被击伤，伤者即出现腰痛，小腹胀，咳嗽，腰屈难伸，受伤过重的症状，则性命堪忧。凡是两耳失聪，额黑面浮白光，或常如哭泣状，或常如嬉笑状者，皆有性命之忧，盖左为哭腰，右为笑腰。

志室穴一旦受伤，急推拿肺腧、肩井、中沟3穴，再从背后分推数下，按揉患处。

三十六、问：涌泉穴何时点击为准？受伤后有哪些症状？解救方法是什么？

答：酉时气血注涌泉，气血受阻易软瘫。

心脾肺损二七死，一旦失治投阎关。

每天17点，气血注入涌泉穴。脚五趾向内抓紧时穴门开，脚趾反向脚背时筋门开。受伤后气血受阻不能通并，轻伤无甚知觉，重伤者昏迷，腿足痉挛，不能行动。如果瘀阻本经可出现阴部疼痛，小便癃闭的症状。伤入心经则鼻衄目赤，精神失常。伤入肚经则软瘫不举，肢体痉挛。伤入脾经则水湿积聚，肿满，甚至发为水泡而烂。伤入肺经，则咳喘上气，胸胁作痛，甚至咳血，数日内性命堪忧。

涌泉穴一旦受伤，立即点按大钟、飞扬、太浮3穴，并在患处周围分推揉摩。

三十七、问：点穴术中，哪些穴位被重击后难救治？

答1：

天门晕在地，尾子不还乡。

两肋丢开手，腰眼笑杀人。

太阳并脑后，倏忽命归阴。

断梁无接骨，脐下急亡身。

天门穴，即头顶的百会穴，一旦被泰山压顶势手法击伤后，便会晕倒在地，重则无救。尾子穴即尾闾、海底2穴。

"两肋丢开手"是指伤期门、章门2穴。腰眼指京门穴。

太阳穴和脑后的玉枕穴、风府穴、风池穴、哑门穴被重击都会立即死亡无救。

"梁"指天柱骨，将督脉一线的脊骨打折后，都不能接活。脐下指丹田穴，被重击最易有性命之忧。

答2：

上止天庭二太阳，气口血海次柔膛。

耳后受伤均不治，伤胎鱼目立时亡。

前胸二心并外肾，鱼目定睛甚张忙。

肋梢捶手难于治，肾腧丹田最难挡。

夹脊断时休下药，正腰伤笑立时亡。

伤人二乳及胸膛，百人百死到泉乡。

出气不收无药石，翻肚吐粪见阎王。

囟门髓出阴阳混，君则何须寻妙方。

这首诀介绍了打伤即无法救治的穴位和一些不救的症状。

穴位分别是头顶的百会、神庭，两个太阳穴，人迎、气口、血海、柔膛，耳后的风池、玉枕穴，前心的鸠尾，后心的灵台，以及外肾即阴囊中的睾丸。凡被打后，眼像死鱼向上翻白时，无法救治；肋下章门、腹结穴伤难治；肾腧穴、丹田穴、脊骨断折无药救；京门穴、志室穴一伤发笑必死；乳中、乳根以及膻中穴被打后，均是百打百死，难有救活的。穴伤后只有出气、没有进气则无药救。呕吐便粪、囟门骨破、脑髓出等，都是残败症，习练此术者都要谨记。

第四章 功劲

一、内功

1. 预备势

坐于蒲团之上，头正顶平，上身正直，松肩含胸，腹部宜松，口眼微闭，头顶百会穴与裆下会阴穴成一条垂直线，鼻尖、肚脐和丹田应在这条直线上，两小腿交叉盘起，腿位以个人感觉自然、舒适为宜。然后，两手于丹田前结"太极印"。（图4-1）

舌舐上腭，鼻呼鼻吸，自然呼吸；全身自然放松，松而不软，紧而不僵。

2. 合抱太极势

预备势坐好后，两手与胸相距约30厘米，两手指似弯非屈，似夹非夹，劳宫穴相对成抱球状，两手指尖相距3厘米至5厘米。（图4-2）

然后，两手慢慢向外拉约10厘米。（图4-3）

图 4-1　　　　　　　图 4-2　　　　　　　图 4-3

再徐徐向内合，当两手指相距约2厘米时，两手再慢慢向两侧拉开。

如此两手来回开合练习，但要求两手的开合动作越慢越好，好似手中抱着一个气球，松之怕飞脱，过紧又怕挤炸，合则慢慢按扁气球，开则仿佛气球弹性力把两掌撑开。

开时吸气，合时呼气，均鼻吸鼻呼，一定要做到深、匀、细、长地与两手的动作配合。慢慢用心去感受它，当习练者达到一定功力时，就会产生较为强烈的气感。

3. 浑元归一势

当合抱太极势练习5分钟左右，两手间气感很明显时，开始做本势。

两手在胸前相距3厘米左右抱住气团不动，意想这个气团分成两个小气团，分别从两手内劳宫穴进入，并沿两臂上行到胸部膻中穴，合二（小气团）为一，成一大气团后，再沿胸腔下落到下丹田。在吸气时引导，每吸一次气引导1遍，连续引导3遍，呼气时任其自然，用意不用力。（图4-4）

3次引导完后，两手再自然下落，内外劳宫穴相叠放在下丹田处。（图4-5）

意注下丹田，用顺腹式呼吸法，即意想下丹田好似一个阴阳鱼，吸气时慢慢地涨大，呼气时慢慢地缩小，并按顺时针方向旋转，练习30分钟左右为宜。

4. 气归丹田势

用顺腹式呼吸法，意守下丹田30分钟后，两臂与肩同宽向前平伸，掌心向上，高与肩平，全身放松。（图4-6）

图4-4　　　　　图4-5　　　　　图4-6

意想两掌心各托着一个又热又重的气团，意念1分钟后两掌即有气感，两掌慢慢再向左右分开成侧平举。（图4-7）

然后，两掌自左右两侧缓缓向头顶上方合拢，掌心向下，同时以鼻吸气，意想气团随两掌贯入百会穴。（图4-8）

图4-7　　　　　　　　　　　图4-8

两掌经面前慢慢下按，同时以鼻吸气鼓小腹，意想气团进入下丹田。（图4-9）

两掌按至下丹田处后，再翻掌，慢慢又恢复侧平举，同时以鼻呼气。两臂成侧平举后正好呼完气。再吸气贯气，如此连续贯气3次，即做3次呼吸。在贯气的第3次吸气后，两掌下按至腹部时，两手内外劳宫穴相对叠放在下丹田处。（图4-10）

图4-9　　　　　　　　　　　图4-10

此时闭住气（不呼不吸），两手顺逆各揉旋丹田3圈。揉旋完，两手不动，用鼻把气徐徐呼出。

5. 闭息收功势

接上动，腰、臀、胯、膝缓缓向下用力，上身慢慢向前俯，两手抱住丹田。（图4-11）

随下沉身之势，鼻徐徐吸气进入丹田，同时收阴提肛，丹田得气外涨，徐徐隆起。

气吸满后，略停3秒，再徐徐起身，鼻徐徐呼气，同时小腹放松，小腹自然收合。此动作连做7次，沉身、收阴和鼻呼吸要配合一致。

图4-11

此功每日练习一次，3个月后，丹田内气根基已固，此时进行指劲硬功修炼，如虎添翼，事半功倍。

二、指劲

点穴术威力的体现，虽然离不开对穴位的精准"锁定"，但最重要的还得靠指上功劲的强大，即使是绝穴，也不是一触即溃的，没有相当的力量仍难以对其产生严重伤害，所以练习点穴术者绝对要练好指劲，否则指上没劲，点上如同给敌挠痒，出手白点。

点穴术攻击时多用寸劲，此属武术暗劲的范畴，其外形手法有伸指以指尖为力点的，也有屈指以指中节或根节为力点的。一般要先练寸劲拳，再练寸劲指。

1. 点穴术常用手法

（1）鸡心捶

五指握拳紧扣，独将中指中节突出，此手法叫作"鸡心捶"，是最坚固有力的点穴拳形。（图4-12）

鸡心捶又名"穿透捶"，穿透性能最强，杀伤力度最高，实用效果最好，是点穴术惯用的重武器。

练好此拳，即使打不中穴位，也能穿肌透骨，轻则致人剧痛，重则致人受伤，令对方惊惧而不敢轻易触碰。

图4-12

（2）凤眼捶

五指握拳，独将食指中节突出，拇指紧扣食指，此手法叫作"凤眼捶"，是最灵便的点穴拳形。（图4-13）

（3）剑指手

食指中指伸开并紧，其余三指扣紧，使用指尖之力点击绝穴，此手法叫作"剑指手"，是最灵巧常用的指点手法。（图4-14）

剑指手简称"剑指"，又名"剑指点穴手""毒蛇寻穴手"。

图 4-13　　　　　　　　　　　　图 4-14

2. 寸劲拳

寸劲拳发力速度快，准确性很高，和一般常见的发拳动作有异。一般发拳时，先要与对方拉开一定距离，然后再蹬脚、扭髋、送臂、将拳向前发出，虽然这种出拳力度大，摧毁性很强，但由于距离太长，速度相对就较慢，又因有一段距离，拳中目标的准确度就不一定那么理想。而寸劲发力，短距、急剧、猝发，就像一根针，轻轻一送便可穿入敌体内腑，中国武术习惯把这种劲法称为"内劲"。

任何一个拳种的技击法都要求有一个固定的姿势，然后才能将其力度发挥到最高水平。而一触即发的寸劲出拳就不一样了，它不需要摆什么姿势，或刻意讲究出拳前的位置，而是一种自然而然、随心所欲、触体即爆炸钻透的绝技，所以，它是贴身近战点穴术中最优秀、最惯用的一种发劲方法。

寸劲拳在出拳之前并不先握拳，一般都先用仰掌或俯掌，这样利于"出手柔如绵"，或可由柔性的防御开始。但不要以为这是出手的柔软无力，而是要有一种弹性，为急剧猝发蓄好力量。假如刚出手即过硬，对方必全力抵抗，令我方之拳没有猝发寸劲余地；或因此惊敌，使其逃脱圈外，则距离过长，我方无法以寸劲击之。

寸劲拳的出拳方式有两种。

①仰掌逆时针屈指抖腕成俯拳，力点在中指的第二关节凸上。即先将手掌平展，掌心向上，然后手指向内旋划，至掌心朝下时，迅速屈指抖腕上提，拇指紧扣食、中二指梢节，成鸡心凸指拳形，拳心向下。（图4-15）

②俯掌顺时针屈指抖腕成仰拳，力点仍在中指的第二关节凸上。即先将手掌平展，掌心向下，接着向外勾划，至指尖下垂的同时，内旋臂腕，屈指抖力成仰拳，使拳有上钻之力，拳心向上，拳形与俯拳相同。（图4-16）

 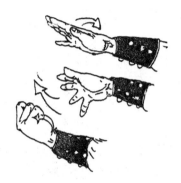

图4-15　　　　　　　　　　　　图4-16

寸拳训练要窍重在一个"抖"字上，在迅速弯曲手指握拳时，蓄势一旋、一抖。旋为钻透力，抖为冲撞力，就像螺钉入木一样。初习以空练为主，也不需摆什么架势，掌握方法之后，再打实物。

3. 寸劲指

在掌握了寸劲拳发力的方法后，再变寸劲指练习发力就事半功倍了！

寸劲指的练法纯属"暗力"，这种劲力的性质是"穿透"性的，练到一定的境界时，手指触敌一发暗劲后，从人体外表的皮肤是看不出伤势的，可其内层经脉血路已受损。

练习之法：取圆形或方形坚硬的青砂石一个，重以50公斤为始，上凿一孔供拴链之用，四面磨平至光滑。然后吊于一木架上，石高以习练者胸高为参考标准。练习时，以食、中二指略离于石，或微触于石，指、腕、臂均屈蓄放松。（图4-17）

图4-17

随之臂、腕、指猛然紧张，向前用力，以指尖点击石面，同时以鼻喷气，配合发力。（图4-18）

开初之训练，石头毫无动静，只要每天坚持，一个月之后，指一点石，石即被指劲荡开。此后再换成100公斤重的石头进行练习，坚持不懈，一年后，点穴之指功即可练成。

图4-18

记住，练习时指尖不能离石面太远，指不着石面不可发全力，只有这样，才易练成出手寻穴的技击好习惯和精准度，即"有的放矢"，并能练成寸劲指的透力。

在训练时，如指、腕红肿或疼痛，可用红花油、正骨水等药搽揉关节处；或每天用地骨皮加食盐少许煎水，烧开后离火，把水温放至以手感热烫又能承受为度，将手放入药水中泡揉。若手部有破处，切忌使用！

三、靶功

靶功就是训练出手点穴的精准度以及随机、应势、遇时点穴杀伤的高级技击能力。但是这层功夫不能轻易获得，必须通过特殊的秘法进行练习，方能不偏不倚，百发百中。

练习是在前面指劲的基础上进行的，指劲练习专门提高手指的寸劲硬功，没有特别要求点击精确的目标，而靶功则是专门提高手指点击目标的准确性。当然同时也能够练习指点的速度、灵巧和穿透力。

工具的制作法：选长1米，宽0.5米，厚0.3米的青砂石一条，按人体上部的形状凿成人体模型，用砂轮将其磨光磨平，以笔标出人体的36个绝穴，每穴钻成圆孔槽，以红色油漆作标记，然后于石人之头顶钻一寸深孔，用水泥铸入铁条，上留一环作吊挂之用。将其放至与己身一般高低，吊在一支架上，挂架处装一轴承，以便利其旋转。（图4-19）

准备停当后，即可按指劲的出手方法对石人进行练习。初练出手不可用力，以伸指能点入穴孔即可，各种指法都要熟悉，36个穴孔都要练到，练至出指即能点准时，再专以某一穴为击点目标，口中念出其名，手即已点上，并且手指点入穴孔准确无误，功夫至此，开始运劲发力的练习，按前面指劲的发力方法，渐渐加力，渐渐加快，不要过急，防止手指挫伤。

图 4-19

四、眼力

武术技击讲究"眼到手前"，眼为心灵之窗，脑之侦探，拳谚中誉之为"心为元帅，眼为先锋""百拳之法，以眼为尊""眸子练得精，制敌占上风""其机在目，敌情预晓"等，眼在实战搏击中极其重要。

首先，我们来了解并理解眼力在武技中的具体作用及应用。

1. 观察

武技中讲究"眼观六路，耳听八方"，眼观六路是指在实战搏击中以自身为主体的 6 个方向，即前、后、左、右、上、下，均在自己的视线范围之内，通过眼神的注视，进行目测，掌握和控制与对方的距离，判断对方的战略企图和具体战术变化，方可抓住战机，灵活应变。

拳谚曰："手到眼不到，瞎马踏糊沼。"盲目出招，无的放矢，绝技何用？！

2. 威慑

技击诀云："一打眼、二打胆、三打力量、四打闪。"所谓的"一打眼"，是指目光要炯炯有神，锐如鹰隼，寒气逼人，眼中有神，神中有威。尚未交手，威严凌厉的眼神先夺对方心魄，往往在气势上能压倒那些经验不足的对手，在心理上造成对方紧张和畏惧，使其对自身的技术能力和攻防手段产生怀疑，影响其技术的发挥。传统武术中称此为"神光笼罩"。

3. 诱惑

眼的诱惑作用为战法之一，"神出于心，表露于目"，眼是观察器，亦是阴晴预报牌。在敌我搏斗中，眼睛是双方注视的目标，均欲通过"察颜观色"

进行分析和判断对方的技艺、战术、情绪、体力等变化，以采取相应的对策。

例如：先用目光注视对方的眼睛，而余光却悄悄地审视对方的腿部，当对方明显察觉到我方注意他的面部时，一种本能的反应使其不自觉地将防御的重点移到上体，就在这一瞬间，我方再突然用低腿重踢对方的小腿关键部位，使对方遭到意想不到的攻击。

我方利用这种反射规律，一反常规，看东击西，看上踢下，使对方无规律可循，思路紊乱，难以招架；若遇上强敌时，我方眼神则显示无畏或坦然，可削弱对方斗势；对方若急躁且求胜心切，我方则双目表露挑逗之意，必激怒于他，使其胡乱打击，我方则伺机拣漏，突击破绽，克敌制胜。

而点穴术中的眼功，比一般武技的要求更高，眼睛不但要转动灵活，并且要有视移之锐，最关键还要能明察秋毫，以利点穴。具体修炼法如下。

（1）盯

找一片空气清新的空旷之地，任选一个适宜的目标，进行固定静止性物体练习。面对目标站好后，瞪目盯住目标保持不动，好似要将眼前注视的物体看透一样。

此种练法可任选站、坐姿势，初练时间不要太长，中途须闭目休息半分钟。在盯视的过程中，眼睛不要眨动，不斜视，尽量睁圆。呼吸自然，全神贯注，对镜练习效果更好一些。

（2）晃

练习时头部保持不动，首先两眼做左右晃眼练习，再将两眼由两侧位置向上，盯住中线上方的极限角度。定住一会儿后，再垂直向下，注视最低的极限角度。还可以做其他形状、多角度练习。

上下晃眼的动作要尽力将下颌上抬和内收，两眼圆睁，左右晃眼，头部及身体各部要保持静止不动，眼球晃动要充分。每组为 10 次，每组间眼睛略微休息。

（3）旋

头部保持不动，两眼向各方能看到的极限角度，按顺时针、逆时针交替进行的方法做圆形的旋眼动作。初习者在练习顺逆各 3 圈后可休息一会。

旋眼对眼球活动要做到充分，尤其初学时不宜速度快，要做到稳缓、顺达、灵活。总之锻炼的次数可据本人情况灵活调整。

（4）转

马步姿势站立，上体以腰为轴，依次分别向各方转体，眼睛随势而看。

　　分向转体时，两脚要抓地，脚位不可移动，身体重心落于两脚之间，保持重心平稳。转体速度要适中，初练时要做到柔缓、沉稳，呼吸自然，不可憋气。为了避免产生眩晕现象，可在转体过程中暂时闭眼，在即将到达欲看位置的瞬间睁眼注视目标。

　　（5）领

　　领眼是技击搏斗时最重要的一种眼法，即"眼随手走"。

　　练习时可由自己一手竖指，向左、右、上、下等各个不同部位移动，两眼则死死盯住手指不放；或者陪练晃动手指，自己对其盯指追视和定眼不眨；或者陪练用泡沫棍突然击来，而自己双目圆睁，不闭眼，进而判断所击的距离，以此训练眼的速度和反应。

　　总之，长期、正确地练习眼功，进行有意识的训练，无论是对于技击格斗、拳法演练，还是平时的工作、学习和生活都大有益处。

　　眼功不但需要训练，更重要的还在于保健！练习眼功时，眼睛不仅要尽量睁大瞪圆，而且不能眨眼。初学者可能会出现头痛、眼花、眼球麻胀、眩晕等症状，这是由不适应引起的，虽然通过一段时间的练习会消除，但无疑会影响练功进程。初练时，动作可柔缓一些，在练习感到乏力时，可轻闭双目体息一会。眼功锻炼期间，要特别注意饮食起居和情绪。少吃辛辣刺激性食物，忌烟酒。俯案工作时间过长时，中间要适当休息，看书写字要注意光线适宜、姿势正确。在情绪上要注意避免忧烦气恼，保持开朗、乐观和愉快。长期处于强光、逆光、暗室或颜色繁杂环境下的工作者，要有意识地增加一些室外活动（包括观望远处的山景湖色），还可做眼眶按摩等。

第五章　初试

　　初试，就是与陪练一起开始初步试用招法，点击真实人体，体验点击真实人体穴位的各自感觉和效应，慢慢摸索和总结，以求掌握进而提高点穴技术。

　　点穴初试时，只能轻轻触之，会意而已，探求准确手感与手法，千万不能大力点打，以防误伤。如有条件，与老师同练最佳，有专门老师在场指导次之。开始练习时，陪练宜裸露身体，于要穴准确位置用颜色画一圆点，以便习练者有的放矢。

　　本书点穴出手的方式主要分为以下3种类型。

一、正穴出手

　　此手法主要针对人体胸、心、腹部位及任脉一线。

　　例如：对方出左手向我方面部抓或打时，其手刚至我方体前，我方即用右手按住其左臂，随之左手前滑按于我方右手前位，向下用力空出右手的同时，我方进身，右手前伸点击对方前胸上任何一个穴位。（图5-1至图5-3）

　　我方的两手是连环性的，速度相当快，没有僵硬之力，右手在没有接近对方穴位时不能握拳，一触对方身体则突然成拳抖力，以中指关节凸为力点。用指点击时仍然如此，在指尖按准穴位时才抖震发劲。

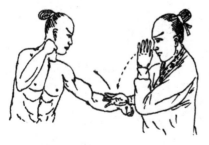

图 5-1

图 5-2

假如对方出右手来攻，我方仍以上述手法对之。（图 5-4 至图 5-6）

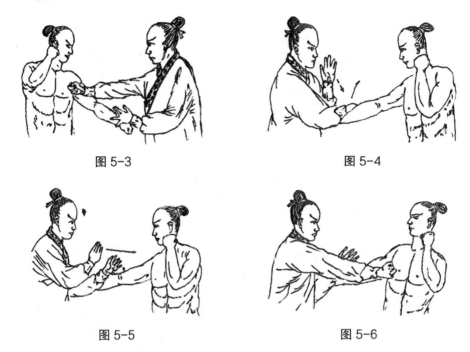

图 5-3　　　　　　　　　　　　　　　图 5-4

图 5-5　　　　　　　　　　　　　　　图 5-6

二、侧穴出手

此手法主要针对人体左右胁肋部位。

例如：对方出左手向我方击来，我方速向右偏身，左手托划其左肘并向左推，同时右手前伸，用触体发力法击打对方左胁肋任何一个要穴。（图 5-7、图 5-8）

图 5-7　　　　　　　　　　　　　　　图 5-8

当对方出右手攻击我方时，我方仍出左手向右推托其右肘，使对方露出

胁肋部，右手乘机点击其右胁肋要穴。（图5-9、图5-10）

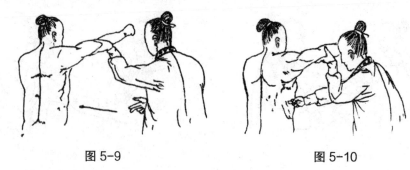

图5-9　　　　　　　　　　　图5-10

三、背穴出手

此手法主要针对人体后背部及督脉一线。

点击对方背部穴道比点击前、侧两方穴位较难一些，要配合步法的走转，才容易点到对方背部诸穴。

例如：对方进步，用左拳朝我方击打而来；我方立即向右偏身，左脚向右侧进步，上穿左手反划其左大臂外侧，紧随上右步成转步，此时对方的背部就正对我方了。我方可出右手点击其后背任何一穴。（图5-11至图5-13）

图5-11

如对方出右手，我方则反之，这与左手防、右手点的效果是一样的。只要平时多练习穿九宫、走八卦的步法，自能应付裕如。

以上3种点穴出手的方式应反复习练，灵活运用，"久练自化，熟极自神"。

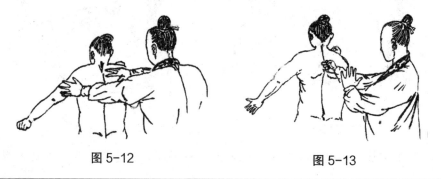

图5-12　　　　　　　　　　　图5-13

第六章　合演

本章介绍一套武当点穴术连环练法，此技法以点法为主，并融打、踢、穿、插、扣、挖、抓、拿、掐、摔、跌等为一体，非常全面，切合实战，变化多端。

【拳谱】

一、阴阳开门

二、指定中原

三、拱云托月

四、仙童点灯

五、顽猴搓瓜

六、锦里藏针

七、二龙取珠

八、三插荷花

九、丹凤展翅

十、绞臂金锁

十一、狮子摇头

十二、闭手撩阴

十三、黄龙锁腰

十四、暗渡陈仓

十五、丹凤朝阳

十六、摧珍摘桃

十七、大封小闭

十八、乌龙摆尾

十九、青藤缠枝

二十、盘龙吐信

二十一、冲心头撞

二十二、夜叉探海
二十三、虹云罩顶
二十四、八卦闭门

【拳诀】

封闭手法巧且精，盘旋阴阳开宫门。
点插要穴把神留，指打胸腹定中原。
划格挑臂击下腭，拱云托月只一瞬。
反手抓阴膝屈蹲，对准元宫三点灯。
头颅圆圆遇顽猴，抱瓜一搓扭断颈。
攻上取下巧招妙，不识锦囊藏毒针。
二目闪闪引蛟龙，争相抢珠害双睛。
倩女蛮腰慢摆柳，似插藕池荷花仙。
丹凤猛展轻灵翅，巧破毒龙缠腰间。
金刚铁臂实在硬，绞臂金锁扭断筋。
突闻虎吼心一轻，狮子摇头舞彩云。
封住双手肩上担，抓捞撕扯是撩阴。
黄龙缠腰两相兼，一刻不松命奔冥。
明修栈道掩耳目，暗渡陈仓锁心拳。
横里飘来金刚钉，丹凤朝阳似车轮。
摧珍二指插双睛，摘桃手捞尔裆前。
大封弧形踏边门，小闭中宫脚钩镰。
起身一腿龙摆尾，啄点磕打上下穴。
踩脚抓臂往上穿，青藤绕枝环环进。
连环标手似飞梭，原是盘龙吐毒信。
左扭右拗折尔颈，抱腰头撞直冲心。
夜叉探海藏三计，手法变幻闪如电。
一起一伏寻百会，虹云笼罩头上顶。
顺踏逆行走八卦，穿花绕树关玄门。
习时细心慢体察，其中奥妙口难言。
三绝溶镶武林技，一套点穴达真诠。

一、阴阳开门

【练法】

1. 两脚并步而立，面向东方，两臂自然下垂，头正颈直。目视前方。（图6-1）

2. 接着，左手上移于胸前，掌心朝下，右手上移于小腹前，掌心朝上。（图6-2）

3. 随后，两掌如抱球状顺时针揉旋成左手在上、右手在下，动作不停，左脚向左侧移一步，重心下沉成左虚步，与此同时，左手朝左前方翻臂划出，成托掌状，高与肩平，右掌朝左腋前按移。目视左前方。（图6-3）

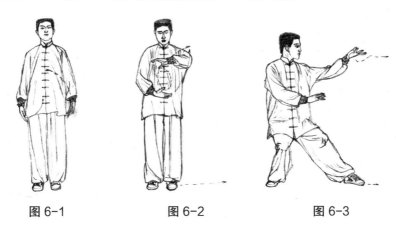

图6-1　　　　　　图6-2　　　　　　图6-3

4. 接着，左脚向前一步，屈膝前蹲，成左弓步，同时，左掌向前抖腕推出，右掌不变。（图6-4）

5. 接着，上体左转，右掌向左前抖腕推出，同时，左掌向后划成勾手，斜伸于身后，左弓步不变。目视右掌。（图6-5）

6. 接着，右脚向左脚内侧绕步并向东落步，身体右转，同时左掌内划至右肩前，翻掌下按，右掌旋腕向右成侧立掌，高与肩平。（图6-6）

7. 然后，左脚向前一步，右脚再向前上步，如此一步一步地绕行一周，即行八卦趟泥法。绕行至原位止。此即开门势。

图6-4

图 6-5　　　　　　　　　图 6-6

【用法】

1. 临阵对敌时，对方进右步，左拳朝我方面部击打而来。我方即以左手上挑格划其左臂外侧，将其左攻之拳化开，然后快速前移左步，同时左掌抖腕推击而出。（图 6-7、图 6-8）

2. 若对方仰身避掌，则我方迅猛出右掌，击对方左侧期门穴。（图 6-9）

图 6-7

图 6-8

图 6-9

二、指定中原

【练法】

1. 承接上势，当绕行至原位时，上体向右转90°，左脚向左前方迈一步，左臂随转身左划成侧立掌，右掌随转身向左绕环，收回小腹前，手心向下，拇指靠近身体，右膝略屈下蹲，左脚虚点地面成左虚步。目视左掌。（图6-10）

2. 动作不停，右脚屈膝提起向左脚内侧落地，同时左脚离地微提，重心落于右腿，同时，左掌向右下方画弧搂手，收回腰间抱拳。右手变鸡心捶向前顶击而出。目视右拳。（图6-11）

3. 接着，左脚向左侧跨落，两腿屈蹲，右拳回手，左拳上抬，两手在胸前合掌。（图6-12）

图6-10　　　　　　图6-11　　　　　　图6-12

4. 接着，两掌用力向前插出，高与肩平，力达指尖。（图6-13）

5. 动作不停，右腿提膝向左脚内侧收提，同时左右手在收提右脚的时候向左肋下收，然后，右脚迅速向前一步，屈膝前弓，同时右手剑指向前反点，高与额平，左手剑指向前下方插勾，掌心向上，目视前方。（图6-14）

6. 右脚微后收，身体后坐，重心落于左腿，左脚掌外摆屈膝半蹲，右脚稍向内收

图6-13

回，膝微屈，以脚尖点地成右虚步，同时，右手随身体后坐以反掌向下划格，掌指朝下，左掌向上屈肘架于右肩上方。目视前方。（图6-15）

7．接着，右脚前移，成右弓步，同时右掌成鸡心捶向前点插，左手成剑指下落至腰间，掌心朝上。目视右前方。（图6-16）

8．接着，左脚向前上一步，屈膝前弓，右掌下按的同时，左掌剑指向前点戳。（图6-17）

9．接着，右脚向前上一步成右虚步，同时，右掌成凤眼捶从左臂下向前穿出，高与肩平，左掌下落护于右肘下。目视右拳。（图6-18）

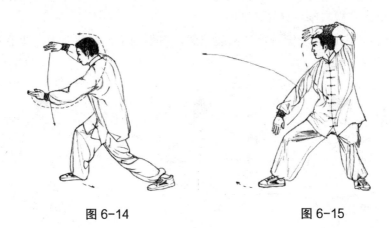

图6-14　　　　　　　　　　　　图6-15

图6-16　　　　　图6-17　　　　　图6-18

【用法】

1. 临阵对敌时，对方进左步，右掌朝我方面部击打而来。我方速抬左掌拍格其左拳外侧，紧接着进右步，左脚提起，收于右腿后，右手鸡心捶猛击对方膻中穴。（图6-19、图6-20）

图6-19

图6-20

2. 若对方挪身下压，左手格住我方右拳，并弹出左腿直踢我方小腹。我方立即摆步沉身下坐，即用双手合拢下压其左脚，在双掌向下用力使其脚下落的同时，双掌迅速向前插出，直击其腰部，紧随着，右脚上步于对方裆下，右指反点其右侧人迎穴，左指点其右侧章门穴。（图6-21至图6-23）

图6-21

图6-22

图6-23

3. 临阵对敌时，对方纵步上前用左踹腿踢击我方右腰。我方迅速沉身下坐，右掌向下划砍其脚踝内侧，化掉其攻势，紧随着，右脚猛进步，右手前翻点戳其前胸鸠尾穴。（图6-24、图6-25）

图6-24

图6-25

4. 如对方落步并仰身避过，我方迅速上左步，左手二指点彼之商曲穴，接着，右脚上步，右手凤眼捶上戳其膻中穴，一气呵成，将对方击跌。（图6-26、图6-27）

图6-26

图6-27

三、拱云托月

【练法】

1. 承接上势，身体左转，右腿微屈，左脚虚点地面，重心落于右腿，同时，左掌随转身向左前方抡摆，当摆至斜上方后向体前按掌，肘关节微屈，

右臂屈肘收于腰间，掌心朝下。目视左掌。（图6-28）

2．接着，右腿挺膝伸立，左膝直立成前点步，同时右掌由腰间向前上方穿出，高与头平，左臂屈肘，左掌收于右肘下方。目视右掌。（图6-29）

3．接着，右脚朝前上一步，重心下沉，屈膝蹲成右半马步，同时右臂向下压，肘关节微屈，左臂屈肘，左掌后拉，并收于腹前。目视右掌。（图6-30）

图6-28　　　　　　　　图6-29　　　　　　　　图6-30

4．接着，身体左转，左脚向西挪于右脚前方，膝微屈，脚面绷平，脚尖虚点地面成左虚步，同时左手由前向左、向后弧形下捋，掌心向后，右手成爪随转体向前平捋，臂微屈，掌心向前。（图6-31）

5．接着，身体右转180°，左脚随转体经右脚前方向右弧形绕一步，屈膝下蹲，右脚跟抬起成倒插步，同时右爪向右下方捋带，左掌成爪随转体向左下方反抓。目视左爪。（图6-32）

图6-31　　　　　　　　　　　图6-32

【用法】

1. 当对方进右步、用右直拳朝我方面部击打而来时，我方立即上翻左手向外格划其右臂内侧，随即上步拥身右掌直戳其咽喉。（图6-33、图6-34）

图 6-33

图 6-34

2. 假如对方右偏身避闪并起腿踢我方，我方左脚后撤一步，以右掌下劈其小腿，紧接着向前上左步，右手成横掼爪，准备抓击其后脑。如果对方右转身，右手反臂格划我方右小臂外侧，我方再以右手旋腕屈指抓住其腕关节向右后方拉，使敌前仆，同时右转身，左脚经右脚前、向右侧绕跨一步，左手从其右腋下穿过，反爪抓击对方左侧腹结穴，并将其右腋担于我左肩上，如此双向着力抖脱其肩关节。（图6-35至图6-37）

图 6-35

图 6-36

图 6-37

四、仙童点灯

【练法】

1. 承接上势，身体左转，左脚收至右脚侧并步，两腿屈膝下蹲。同时右掌向左、向上撩手架至右额上方，左爪收至左腰侧。目视前方。（图6-38）

2. 接着，右脚脚跟落下，左手剑指向前插出，与鼻同高，手心向下，右手成剑指收至右腰侧，手心向上。目视左手。（图6-39）

图 6-38　　　　　　　　　　　　图 6-39

3. 动作不停，步形不变，右手剑指向前插击，高与额平，手心向左，左手收至胸前，手心向下。目视右手。（图6-40）

4. 紧接着，左脚向前一步，屈膝前蹲，右腿挺膝伸直，成左弓步，身体右转90°。同时左剑指向前下方点戳。右手向右肩上方撑架，手心斜向上，身体稍向前倾。目视左手。（图6-41）

图 6-40　　　　　　　　　　　　图 6-41

【用法】

1. 当对方进右步、用左拳朝我方面部击打而来时，我方迅速收左脚并步下蹲，上扬右爪托架其左拳，随即左手前戳插击对方左侧期门穴。（图6-42、图6-43）

图 6-42   图 6-43

2. 一旦得手，我方再用右手前戳其鸠尾穴。（图6-44）

3. 跟踪追击，我方左手二指猛插其神阙穴，左脚迅速上步配合。（图6-45）

图 6-44   图 6-45

五、顽猴搓瓜

【练法】

1.承接上势，左脚微内收，身体重心右移，成左高虚步，左手变掌向里拧翻，成拇指朝下、小指侧朝上、手心朝左外方的反掌势，右掌下按屈肘环抱在胸前，

手指稍上扬，手心向左蓄力。目视左掌。（图6-46）

2．接着，左脚向前一步，屈膝半蹲，右脚跟后蹬，挺膝伸直，成左弓步，同时，左掌内勾，屈掌指并下按，右掌以掌根为力点向前搓出，掌心向左，手指微屈。目视右手。（图6-47）

图6-46　　　　　　　　　　　图6-47

3．紧接着，重心移到左腿上，左腿屈膝下蹲，右腿从身后向左前方踩踢，高不过膝，同时，右掌下按，左掌前搓，右掌略低于肩，左掌略高于肩，两手掌心斜向前。目视双掌。（图6-48）

4．动作不停，右脚后撤退步，同时上体右转，重心落于右脚，右掌下按回收于腹前，左手随上体的翻转，从右掌上方经颈部探出圈臂，与额同高。目视左方。（图6-49）

图6-48　　　　　　　　　　　图6-49

【用法】

1. 临阵对敌时，对方进右步，左拳朝我方面部击打而来。我方迅速上扬左掌，反格划其左腕外侧并向下压，随即前拥步，右爪横掼抓击其头部左侧，左手紧跟上翻抱抓其左臂，同时右脚提起猛踩击其左腿膝关节。（图6-50至图6-52）

图 6-50

图 6-51

2. 在对方负痛之际，我方右脚退步，上体右旋转，同时用双手抱住对方头部向我方右侧掼摔而出。（图6-53）

图 6-52

图 6-53

六、锦里藏针

【练法】

1. 承接上势，左脚尖向左摆，身体左转的同时，左掌由右向左下方翻转，

右手从右腰间变标掌向前下方插击。目视右掌。（图6-54）

2.接着，左脚掌内扣，身体右转90°，两腿屈膝半蹲成马步，同时左掌向左前方平插而出，右手经脸前上架于头上方，肘微屈。目视左掌。（图6-55）

3.接着，右脚内扣，身体左转，稍起身，膝微屈，同时右掌成巴子拳，由右肩上方向左、向前、向上勾顶，与下颌同高，左掌收回护于右肘下。目视右拳。（图6-56）

图6-54　　　　　　　　图6-55　　　　　　　　图6-56

4.接着，左脚向左侧提震步，同时两腿屈膝半蹲成马步，左手成剑指，向左下方点插而出，右手屈肘收回腰间。目视左掌指。（图6-57）

5.接着，左腿屈膝上提，右腿挺膝独立支撑，同时，左手内旋收于左胸际，并翻掌向前上方平穿戳出，掌心向上，右掌前按后回收于左腋前。目视左掌。（图6-58）

6.动作不停，左脚向前落步，屈膝前蹲，右腿蹬直，成左弓步，同时身体向左侧倾俯，左掌向前下方劈下，高与膝平，右手外翻向上架起。目视左掌。（图6-59）

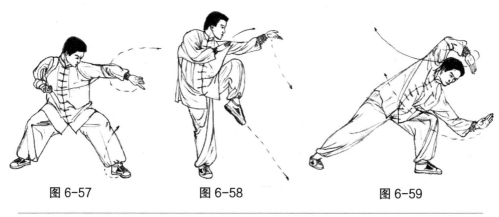

图6-57　　　　　　　　图6-58　　　　　　　　图6-59

【用法】

1. 临阵对敌时，当对方进左步、用右拳朝我方面部击打而来时，我方迅速左掌划弧向下拍压，右掌同时向下直戳其腹结穴。（图6-60）

2. 如果对方左拳向下砸格我方右掌，再翻出右拳砸击我方，我方右掌迅速向上翻架，格化其右拳，同时左脚进步，左掌朝前插击其胃脘部。（图6-61）

图6-60   图6-61

3. 若其再退步仰身逃避，我方迅速迈右脚向前进身，右手巴子拳顶击其咽喉，如果对方用双拳阻截，我方即用左脚震步踏其右脚背，同时，左手剑指点击对方中极穴。（图6-62、图6-63）

图6-62   图6-63

4. 连击不停，我方左手迅速上翻掌戳其咽喉，右脚进一步，左脚提起再向前落下，再用右劈掌击对方胸部，将其彻底击溃。（图6-64、图6-65）

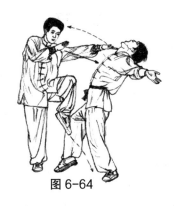

图 6-64　　　　　　　　　　　图 6-65

七、二龙取珠

【练法】

1. 承接上势，身体右转，右脚微收，左腿后坐，成左实右虚的八字步，两脚距离以再迈左脚不费力为佳，右手随转身的同时向下、向内画弧，再向右前翻按掌，掌指向前，左臂屈肘环抱在胸前，用劲内推，手指微上扬，手心向右。目视右掌。（图 6-66）

2. 接着，左脚向前一步，左腿微屈膝前弓，同时左手剑指反臂向前点出，掌心向下，右掌抬肘立于头部右侧。目视左指。（图 6-67）

图 6-66　　　　　　　　　　　图 6-67

3. 接着，右脚蹬地，左脚向前一步，左腿屈膝前弓，右腿挺直，同时，右手二龙指向前猛力挖插而出，左掌护于右腋下。目视右掌指。（图 6-68）

4. 紧接着，右脚尖勾起，右手向上、向后经腰间向前画弧打出上勾拳，同时右脚向左前方用力勾挂踩踏，高不过膝，左手护于右肘内侧。目视右拳。（图6-69）

5. 动作不停，右脚落地踏实，左脚提起贴近右小腿内侧，上体微右旋，左右手向右后方收于右腰后，右手虚握拳，拳心向上，左掌护右拳，左脚紧接猛向前一步，左腿屈膝前弓，右腿挺膝蹬直，左右手同时成二龙

图6-68

指向前挖击而出，右手高与头平，手心向下，左手高与腹齐，手心向上。目视前方。（图6-70）

图6-69

图6-70

【用法】

1. 临阵对敌时，对方进左步，左拳向我方面部击打而来。我方迅疾外翻右手拍格其左腕内侧，左脚紧接上步进于对方裆前，左手同时迅速前伸二指戳向其眼睛。若对方抬起右手架格开我方左手，我方即用右手二龙指再插。（图6-71、图6-72）

2. 如果对方后撤左步，双手架格我方右腕，我方立即提起右脚狠踩其右腿胫骨。（图6-73、图6-74）

图6-71

图 6-72

图 6-73

3. 连击不停，我方右脚落步后，左脚再次前上一步，迅速用右手二指挖其二目，用左手二指捞其裆部。一气呵成，将其彻底打垮。（图6-75）

图 6-74

图 6-75

八、三插荷花

【练法】

1. 承接上势，右脚向左前方上步，身体左转，左脚尖内扣，右脚尖外撇成右半马步，右手成掌内收，接着两手由身前向左右分开下按在两肋外侧，虎口相对，手腕均向外撑，两臂如半月形，两肩、两胯要往回抽劲。目视右手。（图6-76）

图 6-76

2. 随后，身体右转，两腿屈膝全蹲成歇步，右掌收回腰间，左掌变拳经胸、颌向前钻出，再变掌下按，五指分开，掌心呈半圆形。目视左掌。（图6-77）

3. 接着，两腿立起，左脚上前一步，成左弓步，与此同时，左手屈肘收回腰间，右手剑指随即从腰间直臂向前戳出，掌心斜向下。目视右掌指。（图6-78）

图6-77

图6-78

4. 动作不停，左手二指随之向前横击，右手收回护于左前臂下方。目视左掌指。（图6-79）

5. 接着，身体右转180°的同时，右手成爪随转身向右后方反抓，左手变掌护于右腋下。目视右爪。（图6-80）

6. 接着，左腿伸直，右腿屈膝使小腿翻上，向身后缠摆，右手向身后搂手，左肘抬起，身体稍向左倾。目视右脚。（图6-81）

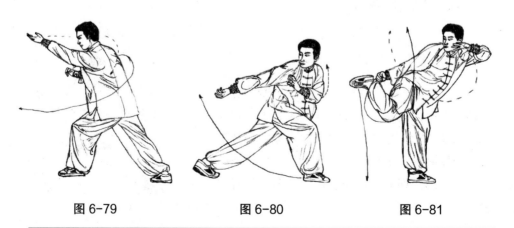

图6-79   图6-80   图6-81

【用法】

1. 临阵对敌时，对方用左弹腿朝我方腰部踢击而来。我方立即向左沉身避腿，右掌同时斜切其左脚踝关节内侧，紧接着，向前拥身，左脚前跪，左掌向其裆部抓击。（图6-82、图6-83）

图6-82　　　　　　　　　　　　　图6-83

2. 若对方左脚落步退身避过，我方左脚紧跟，上前一步，右手二指直奔其咽喉，若对方双掌夹阻我方右手，我方则左手成爪迅猛掼击其右耳部，若再被对方右臂格挡开，我方立即右旋转体，回身用右爪反捞其裆，连用右撩腿踢击其裆腹，将其击溃。（图6-84至图6-87）

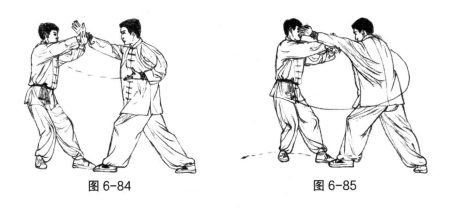

图6-84　　　　　　　　　　　　　图6-85

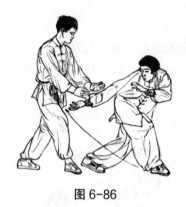

图 6-86

图 6-87

九、丹凤展翅

【练法】

1. 承接上势，右脚落地，身体微右转，两腿膝关节弯曲成马步，同时两臂分别向左右下落沉压，随即抬举交叉上架于头顶，左臂在外。目视前方。（图 6-88）

2. 接着，右脚蹬地，两脚左移成马步，同时两掌向两侧以掌背摔击大腿后部，头向左转。目视左方。（图 6-89）

3. 接着，臀胯下沉用劲，同时猛抬两肘，高与肩齐，然后双手成拳以爆发力向两侧顶肘，头向右转。目视右方。（图 6-90）

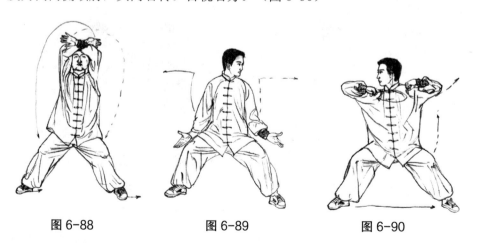

图 6-88　　　　图 6-89　　　　图 6-90

4. 动作不停，身体左转90°，右脚向左脚并步后右膝挺立伸直，左腿屈膝提起，同时两拳变掌成剑指，向左右分开，掌心向下。目视前方。（图6-91）

5. 接着，左脚向前落步踏实，右脚上步于左脚内侧，并步震脚，屈膝半蹲，同时右掌下落，经腰间剑指向前快速插击，掌心向下，左掌向左、向前画弧，然后屈肘收于右腋下，掌心向下。目视右掌指。（图6-92）

图 6-91　　　　　　　　　　图 6-92

【用法】

1. 对敌时，如对方从我方身后突然将我方拦腰抱住，我方则身体迅速下沉，蓄劲大吼一声，两臂屈肘向上张抬，将其双缠臂崩开，并立即用左肘捣击对方心窝。紧随着，左转身，左手捞其右臂，右手捞其左臂，左膝提起顶击其前胸。（图6-93至图6-95）

图 6-93

图 6-94

2. 对方如退身后躲，我方左脚即顺势向前落步，右脚并步紧跟，右手同时剑指朝前直戳对方鸠尾穴。（图6-96）

图 6-95　　　　　　　　　　　　　图 6-96

十、绞臂金锁

【练法】

1. 承接上势，上体右转180°，左脚朝右脚侧方盖步，屈膝半蹲，右腿在左膝后略跪膝，同时右掌随转体变虎爪，屈肘上翻于头顶前上方，左掌随转体变虎爪，从上向下按。目视左爪。（图6-97）

2. 接着，身体右转180°，右脚向右开步，左腿蹬直，成右弓步，两爪变拳随转体向右扫击而出，拳背向前，左下右上。目视前方。（图6-98）

图 6-97　　　　　　　　　　　　　图 6-98

3．接着，身体右转，下盘成盖步，随转体右手经头顶上方向右腰间盘手，左手经面前内盘手于右腋前。目视右下方。（图6-99）

4．接着，身体左转，右手随左转时向左搂手，随即，右脚前移，右腿屈膝半蹲，左腿蹬直，成右弓步，同时右手成拳用力向前、向上撩出，高与肩平，左手成拳后摆至胯旁，拳心朝后。目视右拳。（图6-100）

图6-99

图6-100

5．接着，左膝跪地，上体下坐于左脚脚跟，两腿全蹲成歇步，同时左手向左、向前、向下切掌，掌心向下，掌指朝右，右掌下拉收至胸前至右肋间。目视左掌。（图6-101）

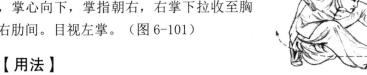

图6-101

【用法】

1．临阵对敌时，当对方左鞭腿朝我方裆腹踢击而来时，我方迅速左盖步避闪，左臂同时下格其脚，紧接着右转体180°，右拳翻打其面部。（图6-102、图6-103）

图6-102

图6-103

2. 如果对方退落左步，上抬右臂拦格我方拳击，我方即用右手翻指扣握其腕，向右下方拉，左肘压其上臂，使其前仆。紧随着，左脚上一步，右手松开，前穿过腋将其右臂缠住，右臂向右下方翻压，将其擒拿。（图 6-104 至图 6-106）

图 6-104

图 6-105

图 6-106

十一、狮子摇头

【练法】

1. 承接上势，身体右转 180°，两腿蹲立（半蹲），以两脚为轴，身体向右后方转，同时左掌向左格按，掌心向外，右手护于胸间，掌心向左。目视左掌。（图 6-107）

2. 接着，右脚向前一步，同时右掌向前伸插，左掌抬起，护于右肘下方。目视右掌。（图 6-108）

图 6-107

图 6-108

3. 接着，右脚向前进步，右腿屈膝前蹲，左腿蹬直，成右弓步，同时右掌并指微收，随前进步之势，猛力向前点击，掌心向左。目视右手指。（图 6-109）

4. 接着，上体重心后移，并向后吞身，左腿屈膝下蹲，右腿微伸成左仆步，同时，身体向左拧转，右手变拳下落，右臂内旋，向下用崩抖劲，左手变拳屈肘置于胸前。目视右下方。（图 6-110）

5. 动作不停，右脚向斜前方进半步，

图 6-109

左脚跟进半步，右腿屈蹲，左腿挺膝蹬直，同时身体向右拧转，右臂外旋使右拳心向上，并勾食中二指，由下向上、向前反勾点击，左臂屈肘护于腹前。目视右手指。（图 6-111）

图 6-110

图 6-111

【用法】

1. 临阵对敌时，对方用右低鞭腿踢击我方。我方右脚立即后撤一步，沉身下坐，左臂同时向下反捞格阻其右脚背，紧随着，右脚上步，右掌戳向对方小腹。（图6-112、图6-113）

图 6-112

图 6-113

2. 如果对方收落右脚，仰身避开，我方则前移重心，向前拥身，右掌并指挖戳其目。若其上翻左臂格我右腕内侧，我方则翻臂下抓其裆。当其因疼痛而俯身时，我方立即迅速起身，右手剑指反点其右侧太阳穴。（图6-114至图6-116）

图 6-114

图 6-115

图 6-116

十二、闭手撩阴

【练法】

1. 承接上势，身体重心左移，左膝屈蹲，右腿绷直，成左弓步，同时，左掌上划经右肩屈臂上架亮掌于左侧头顶上方，掌指朝右，掌心向上，右手成标掌内收，随后速向右膝内侧猛力插击，掌心向前。目视前方。（图6-117）

2. 接着，身体右转90°，右脚微前移半步，左脚跟进半步，脚后跟提起，以前脚掌着地，两腿屈膝，左膝接近地面，同时右掌向右上方划格于头顶上方，左掌成虎爪，随转体由左上方向下，猛向前上方探伸，上体前俯。目视左爪。（图6-118）

图6-117　　　　　　　　　　　　　图6-118

3. 接着，左脚向右脚内侧一步，屈膝半蹲，膝微内扣，左脚在右脚后点地，右腿屈膝半蹲，同时，右掌经脸前向右、向外、向上弧形摆至右脸前，身体稍向右转，左手向右、向下拨至右腹前。目视前方。（图6-119）

4. 动作不停，身体右转180°，左脚向右侧上步，同时两腿挺直，左右手上扣抱手随转身用力下拉，臀部向上撅起，上体迅速前俯低头。目视双手。（图6-120）

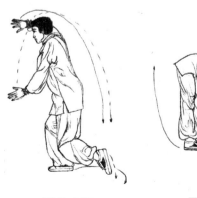

图6-119　　　　　　　　　　　图6-120

5. 接上势，身体以左脚掌为轴右转，右脚猛提膝，以脚掌为力点向右、向后、向上撩起，重心落于左脚，左手上扬，亮掌于左肩上方，右拳收抱于右腰间。目视右腿。（图6-121）

6. 动作不停，右脚向左前方落一大步，身体左转，左膝蹬直，右膝前蹲，成右弓步，同时，右手随转体屈肘外翻，架于头顶上方，左臂内旋向左下方别按，并掌指反撩，掌心朝上。目视左手。（图6-122）

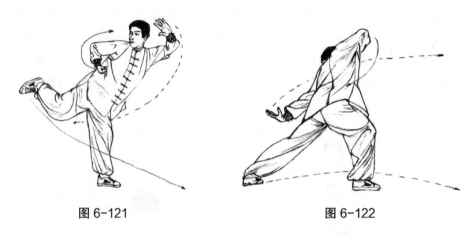

图6-121   图6-122

【用法】

1. 临阵对敌时，对方进步，右腿踢向我方裆腹。我方迅速沉身下坐，下伸右臂阻击。如果对方在右脚受阻时，再出左拳击向我方头部，我方则上体右转，右手上扬反捞格其左臂，同时左膝跪地，向前拥身，左爪猛抓击其裆部。（图6-123、图6-124）

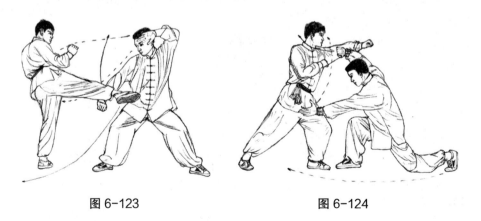

图6-123   图6-124

2．反击不停，我方左脚再上一步，左右手交叉上伸，反捞住对方头颈，右转旋身，右脚摆步，躬身将其扛起，摔过头顶。（图6-125、图6-126）

图6-125   图6-126

3．临阵对敌，对方纵身朝我方攻击而来。我方避闪，同时反撩右腿击其裆腹，再顺势落步，右转身，左手紧随，右手向后反撩，捞住其裆猛扯，使其疼痛趴下。（图6-127、图6-128）

图6-127   图6-128

十三、黄龙锁腰

【练法】

1. 承接上势，身体猛向右拧转90°，左脚向右前方一步，大胯向外绷劲，右膝屈蹲，成右弓步。同时，右手画弧下按变拳收抱于腰间，左手随上步转体，环臂圈抱于左上方，高与肩平，掌心向右。目视左手。（图6-129）

2. 接着，身体猛地向右拧转，同时左腿挺膝，左手随转体猛向下掀压于左小腹际，掌心向上，右拳变掌，向右前方摆，斜伸于右前方。目视右前方地面。（图6-130）

图6-129   图6-130

3. 接上势，左脚向左前挤进一步，右脚跟进半步，右脚跟提起，以前脚掌撑地，同时身体略向左拧转，右手屈臂抬起至右肩上方，左手随转体向前踏臂，迅速勾扣下抓。目视左手。（图6-131）

4. 接着，左脚向前一步，右脚跟进，左腿屈膝半蹲，右腿挺膝蹬直，成左弓步，同时左爪下踏，右掌变爪向前掼抓。目视右爪。（图6-132）

5. 动作不停，身体向右拧转，重心后移，两腿屈蹲成半马步，同时右爪内收，护于左腋前成掌，左爪上翻，屈臂上抬，掌心向上。目视左手。（图6-133）

图6-131

图 6-132

图 6-133

【用法】

1. 临阵对敌时，对方猛进右步，右冲拳朝我方面部击打而来。我方速上挑左手，向外反格对方右臂内侧。接着，顺势伸臂，圈抱住其头颈，猛向右旋身，将其颈部夹紧旋摔而出。（图 6-134、图 6-135）

2. 临阵对敌时，对方右脚上前一步的同时用右拳朝我方面部击打而来。我方迅速上翻左手横格其右臂内侧，同时右手成爪抓向其左侧耳门穴。（图 6-136）

图 6-134

图 6-135

图 6-136

3. 假如对方右偏身躲避，并用左掌拍格我方右腕外侧将我方右爪化开，我方即迅速内旋右腕，反指扣抓其左腕并向下拉，随即左手从其左肘下穿过，屈肘上提，并用爪背击其左耳门后侧，两手上下用力，控制住对方左臂。（图6-137、图6-138）

图 6-137

图 6-138

十四、暗渡陈仓

【练法】

1. 承接上势，左脚向后一大步，同时身体左转180°。随转身之时，左膝屈蹲，右腿伸直，成左弓步，与此同时，右爪随转身向左前偏下方插击，左掌内旋护于右肘下方，掌心向上。目视右手。（图6-139）

2. 接着，右脚尖勾起，向左前方用力勾挂，高不过膝，同时右手握拳外挽手向前上方勾拳，左掌护于右肘内侧，掌心向下。目视前方。（图6-140）

图 6-139

3. 动作不停，右脚落地，随即左转体约270°，同时左腿挺膝随转身向后扫转半圈。左手随身体下摆反挂拳，右拳收至胸前。目视左拳。（图6-141）

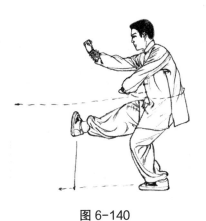

图 6-140　　　　　　　　　　　图 6-141

4. 接着，身体继续向左转90°，重心移至左腿，左腿屈蹲，右腿屈膝提起，脚掌外展，向前用力踩出，同时右拳经腰间向前钻出，左拳回收。（图 6-142）

5. 右脚前落，左腿进步，成左弓步，同时右拳下落收抱于右腰间，与此同时，左手成爪向前掼击。目视左爪。（图 6-143）

图 6-142

图 6-143

【用法】

1. 临阵对敌时，对方猛进步、左弹腿朝我方裆部撩踢而来。我方立即后撤步，用右拳砸击其脚背，紧接着提起右脚前踩其右膝部，然后右拳向上勾击对方面部。（图 6-144、图 6-145）

图 6-144

图 6-145

2. 如果对方后撤躲避过我方右踩腿，我方即迅速落右步、左转身，右脚倒插步于对方裆前，左拳反臂撩击其裆。（图 6-146）

3. 若对方提起右膝向左旋顶开我方左臂，我方速左转体，提起右脚猛力踩踏对方左膝关节。紧接着，落右步、上左脚，向前拥身，同时左爪横掼，食中二指锁扣其右耳孔，拇指锁扣其右眼球。（图 6-147、图 6-148）

图 6-146

图 6-147

图 6-148

十五、丹凤朝阳

【练法】

1. 承接上势，右脚向右摆一步，身体右转180°，同时，右臂屈肘向右侧推格，拳心向左，高与耳平，左手握拳收抱于左腰肋间。目视右拳。（图6-149）

图6-149

2. 接着，右脚向前一步，屈膝前弓，左脚跟进一步，挺膝伸直，成右弓步，进身同时，右手鸡心捶向前，向左弧形掼点勾击，左手向后斜摆。目视右拳。（图6-150）

3. 接着，身体右转90°，随转身之势，左手握拳弧形向前掼击，力达拳轮，拳心斜向下，右手握拳后摆击与左臂平齐。目视左拳。（图6-151）

4. 紧随着，上体左旋，左拳向左后方摆动，右拳自后向下画弧至右膝前方，拳心向上，同时下蹲，重心在右腿上。目视右拳。（图6-152）

图6-150

图6-151

图6-152

5. 接着，左脚朝前上一步，左腿屈膝，右腿挺膝，成左弓步，同时身体猛然向左拧转，右肘猛向左上方横掼，高与额平，左掌抱按右拳。目视右肘。（图6-153）

图 6-153

【用法】

1. 临阵对敌时，对方进右步，猛起左鞭腿朝我方腰部踢击而来。我方后撤左脚一步，沉身坐力，同时右臂屈肘向外阻截其左脚内侧。（图6-154）

2. 紧接着，我方向前滑步，右拳掼击其头部。如对方向后落步，仰身避过我方右拳，我方即连发左冲拳再击其面部。（图6-155、图6-156）

3. 若对方再退右脚，仰身避闪，我方则迅速沉身下坐，同时右拳横扫，击对方左侧委中穴。（图6-157）

图 6-154

4. 在其受创之际，我方猛上左脚，绊于对方裆前，起身右肘横击其后脑，将其击扑于地。（图6-158）

图 6-155

图 6-156

图 6-157　　　　　　　　　　　　图 6-158

十六、摧珍摘桃

【练法】

1. 承接上势，右脚向前一步，身体后坐，重心落于左腿，屈膝下蹲，成右虚步，同时右手下压变拳，收于右腰间，左手剑指向前点击，臂微屈。目视左手指。（图 6-159）

2. 接着，重心前移到右脚上，右腿屈膝，左腿从后向前踩踢，高不过膝，同时左掌下压，右掌向左前方伸出并下按，掌心斜向下，两掌拇指相对，左掌高与腹平，右掌略高于肩。目视前方。（图 6-160）

图 6-159　　　　　　　　　　　　图 6-160

3. 动作不停，左脚向前落地，屈膝前弓，右腿挺膝蹬直，成左弓步，同时两手先回收于腰间，继随上体前拥之势，两手再向前合拢抱抓，臂微屈。目视双手。（图 6-161）

4. 动作不停，双腿向前纵步，双手随纵步收于腰间，当两腿落下时，双手二龙指猛向前插出，右手高与肩平，左手高与裆平，两手心相对。目视前方。（图6-162）

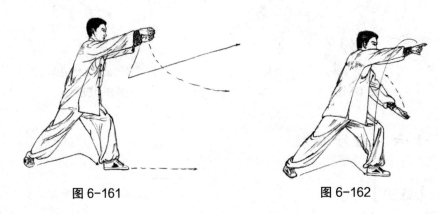

图 6-161   图 6-162

【用法】

1. 临阵对敌时，对方向前进右步，右冲拳击打我方面部。我方左脚速后撤一步，同时上翻左手，格阻其右腕内侧。随即右掌前按，同时发出左脚，踩蹬其右腿膝关节。（图6-163、图6-164）

图 6-163   图 6-164

2. 左脚向前落步，左右手朝前抱抓对方头部。若其向后滑步，仰身避闪，我方再猛地纵步追上，同时发出双手二龙指，右手抢挖其二目，左手捞抓其裆部，将其制伏。（图6-165、图6-166）

图 6-165　　　　　　　　　　　　图 6-166

十七、大封小闭

【练法】

1. 承接上势,右脚向前与左脚并拢,同时身体略右转,屈膝半蹲,右小臂内旋,猛向右脚外侧下插掌,随后勾腕握拳,拳心朝外,左掌护于右肩前。目视右方。(图 6-167)

2. 接着,身体向右转,右脚向前一步脚跟着地,左膝屈蹲,成右虚步,右掌变拳,随转身向左、向上、向右翻砸前钻,力注拳背,左掌下压,护于裆前。目视右拳。(图 6-168)

3. 紧接着,右脚微前移,上体右转 90°的同时,左脚向前一大步,脚跟落地为轴,脚尖内扣,右拳下砸翻压,左掌迅速向前上挑,高与眉齐,掌心向内,肘臂弯曲。目视左手。(图 6-169)

图 6-167　　　　　　　　　　　　图 6-168

4. 接着，身体左转，右脚向前一步屈膝前弓的同时，右肘随转体以肘尖猛力向右压击，左掌护于右拳面上。目视右前方。（图6-170）

5. 动作不停，右脚尖外摆前移，左脚尖内扣，右腿屈膝略蹲，左掌猛推右拳，以右肘尖猛向右方撞击而出。目视右前方。（图6-171）

图 6-169

图 6-170

图 6-171

6. 接着，左脚向右前方上一步，屈膝前弓，右腿挺直蹬地，成左弓步，同时右拳变爪，反臂向前抓出，掌心斜向右下方，左手下摆斜伸于左侧，目视右爪。（图6-172）

图 6-172

【用法】

1. 临阵对敌时，对方进步，右鞭腿向我方左腰侧踢击而来。我方迅速左转体，右脚收步于左脚内侧并步下蹲，同时右手下插用掌捞阻其右脚背。（图6-173）

2. 紧随右转体右脚上步，右手成拳上钻其下颌。如对方后撤用右臂格住我方右腕内侧，我方迅速左脚上步绊住其右脚跟，同时左臂屈肘上穿其咽喉，并用前臂推其胸部。（图6-174、图6-175）

图 6-173

图 6-174

3．如对方左脚退一步并仰身避闪，我方则右脚从其裆下进步并用脚绊其一腿，同时右手翻肘压击其胸，随即右拥身推肘，将其撞跌。（图6-176、图6-177）

图 6-175

图 6-176

图 6-177

十八、乌龙摆尾

【练法】

1. 承接上势，身体右转，两腿屈膝下蹲成马步，右爪向右扯带，立肘于右上方，高与耳齐，左掌上划于左肩前。目视右手。（图6-178）

2. 接着，身体左转，左脚尖外摆，左膝屈蹲，右膝挺直，成左弓步，同时，左掌随身体左转向下抡劈，右掌向前划，侧举于右上方，掌尖向上。目视左前方。（图6-179）

图6-178 图6-179

3. 接着，左脚后移半步，重心落于右腿，左脚尖虚点地面，成左高虚步，同时，左掌成勾手，回勾，屈臂于左肋侧，右掌变勾手，向前点啄。目视前方。（图6-180）

4. 接着，左脚向前一步，屈膝前弓，右腿挺膝蹬直，成左弓步，同时，左勾手变掌，向前下压，右勾手成二龙指，向前插出。目视右手。（图6-181）

图6-180 图6-181

5. 接着，上体右转360°，两膝下蹲，成骑龙步，同时，两手握拳，随转身画弧向右后方用拳磕击，右臂前伸，拳心向上，高与胸齐，左拳高与小腹平。目视右拳。（图6-182）

6. 接着，左腿伸直站立，同时，右腿朝右上方踹出，同时，右臂上抬前伸，左拳变掌护于右腋前。目视右脚。（图6-183）

图 6-182

图 6-183

【用法】

1. 临阵对敌时，对方进步，右鞭腿朝我方左腰侧踢击而来。我方迅速撤一步，左腿屈蹲前弓的同时，左臂下插向外拦截其右腿，随即勾腕挂住，然后向前滑步，右勾手啄击其面部。如对方上拦我方右臂，化开我方右勾手，我方右手迅速绕其臂前穿，变成二龙指插击其目，致其重伤。（图6-184至图6-186）

图 6-184

图 6-185

2．或者：当对方右鞭腿踢来时，我方迅速右脚朝左后方盖步，向下沉身屈膝成骑龙步闪避，同时，左手砸击其脚尖，右拳砸击其足三里。紧接着，再迅速起身，用右踹腿猛踢对方上部，将其打倒。（图6-187、图6-188）

图 6-186

图 6-187

图 6-188

十九、青藤缠枝

【练法】

1．承接上势，右脚向左脚内侧约一尺处落步，两脚尖内扣，成倒八字的扣步形，右手向里拧翻，手心朝上成托掌，左手向右前臂外伸，与右前臂成交叉，两胯往回缩劲，头顶腰塌。目视右方。（图6-189）

2．接着，左脚向左进一步，右膝屈蹲，成左虚步，同时，左掌经胸向前劈，五指分开，虎口撑圆，同时，右掌画弧下按，收于小腹前。

图 6-189

目视左掌。（图6-190）

3．接着，左脚向前一步，屈膝前弓，右腿挺膝伸直，成左弓步，同时，左手向前、向下翻腕成爪，爪心向下，右掌提起，收于腰间，掌心向上。目视左手。（图6-191）

图6-190　　　　　　　　　　　　　　图6-191

4．接着，左爪握拳下压，右掌变拳，向前上方勾提，然后屈臂内收于右肩前，同时，左膝略屈蹲，支撑身体重心，右脚向前踩踏，高不过膝。目视右脚。（图6-192）

5．动作不停，右脚向前一步落地，屈膝前弓，左腿蹬直，成右弓步，身体重心前倾，落于右腿，同时，左拳随身体左转向后拉，屈肘于左肩上方，右拳变掌，向前上穿挑。目视右掌。（图6-193）

图6-192　　　　　　　　　　　　　　图6-193

【用法】

临阵对敌时，对方向前进右步，右拳朝我方面部击打而来。我方迅速用左手外划格阻其右拳攻击，同时，左手变爪扣抓其右腕关节。紧随着，左爪往后将带，右脚同时提起朝前踩踏其膝，继则顺势落步，向前拥身，右手从对方右上臂下穿过，猛然提肘，擒拿其右臂。（图6-194至图6-196）

图 6-194

图 6-195

图 6-196

二十、盘龙吐信

【练法】

1. 承接上势，身体重心后移，身体右转90°，两腿全蹲，成盘步桩，同时，右掌变拳，随身体右转屈肘护于右耳旁，左掌变拳前摆，屈肘护于左耳旁。目视前方。（图6-197）

2. 接着，两腿步形不变，右手经腰间向左下方插掌，掌心向上，左手护于右臂上。目视右掌。（图6-198）

3. 接着，身形不变，左手向左下方切掌，掌心朝下，掌指朝前，右掌上拉到胸前。目视左掌。（图6-199）

图 6-197

图 6-198

图 6-199

4. 随即，右手向左前方插掌，左掌护于右臂下方，目视右掌。（图 6-200）

5. 动作不停，左脚左移半步，脚跟落地，屈膝半蹲，右脚脚尖点地，成右虚步，同时，右手经胸前向下、向后捋掌后收回腰间，掌心向上，左手向前、向右、向下推按，掌心朝下，掌指朝右。目视左手。（图 6-201）

图 6-200

图 6-201

6. 接着，右脚向前一步，屈膝前蹲，左腿挺膝伸直，成右弓步，同时，右掌向前上方架起，掌心向前，掌指向左，左掌后摆于左臀侧后方成勾手，手心向上。目视前方。（图 6-202）

7. 接着，右掌变二龙指向前插击而出，手心向左，指尖向前，左勾手上划成掌，护于右臂内侧，步形不变。目视右掌指。（图 6-203）

图 6-202

图 6-203

【用法】

1. 临阵对敌时，对方向前滑步，右踹腿击向我头部。我方迅速后撤左步，右扭身，下沉坐成盘步闪避，两臂屈肘上护，以防不测。（图6-204）

2. 避过对方右腿踢击后，我方用右掌猛力下砍其左膝关节外侧。（图6-205）

图6-204

图6-205

3. 连击不停，紧接着我方左掌插击对方裆部。（图6-206）

4. 跟踪追击，我方再用右肘猛击对方左侧耳门穴，将其击溃。（图6-207）

图6-206

图6-207

二十一、冲心头撞

【练法】

1. 承接上势，左脚向前一大步，同时右转身，两腿屈膝下蹲，右脚向右外侧跪，脚跟贴于大腿，左掌向前下方按压，掌心向下，右掌上移，护于左肩前。目视左前方。（图6-208）

2．接着，左脚向前一步，屈膝前弓，右腿蹬直，成左弓步，同时，左掌向左回收，再向前与右掌同时画弧向前推搓，左掌在前上方，高与肩平，右手在后下方，高与胸平，两掌心相对。目视前方。（图6-209）

图 6-208　　　　　　　　　　　　　　　图 6-209

3．动作不停，身体右转180°，两腿成低势右弓步，同时，两掌如抱球状随转身向右前方抱搓，右掌在前上方，高与肩平，左掌在后下方，高与肋平。目视前方。（图6-210）

4．接着，两掌变爪猛力抱拢，指尖向内，爪心空凹，同时，左膝前顶，右腿独立，上体前俯。目视双手。（图6-211）

图 6-210　　　　　　　　　　　　　　　图 6-211

5．接着，左脚落地，右腿再迅速前进一步，屈膝，左腿伸直，成右弓步，同时，两爪朝前搂抱，手臂微屈如抱球状。目视前下方。（图6-212）

6．动作不停，两手用力向腹部收抱，同时，上体猛然前倾，身体下俯前送，颈部肌肉紧张，劲注头顶，用头部向前顶撞而出。（图6-213）

图 6-212

图 6-213

7. 接着，身体后坐成马步，同时，右腕内翻成标掌，向前方插出，掌心向下，指尖向前，左手上翻下压于胸前，掌心向下。目视右手。（图6-214）

图 6-214

【用法】

1. 临阵对敌时，对方用双拳掼击我方头部。我方迅速上抬双掌挑格。（图6-215）

2. 同时，我方双掌顺对方手臂前滑，并变爪叼住其双臂，然后提起左膝顶撞对方腹部，顶膝时双爪向后拉带配合，以加大杀伤力。（图6-216）

图 6-215

图 6-216

3. 连击不停，我方左脚落步，同时，双爪再下落抱搂其腰部，随即再低头磕击其膻中穴，将其重创。（图6-217、图6-218）

图 6-217　　　　　　　　　　　　　　图 6-218

二十二、夜叉探海

【练法】

1. 承接上势，身体左转，左脚前移，膝关节弯曲，右腿挺膝蹬直，成左弓步，同时，左手变拳，并翻臂向左上架，拳心斜向下方，右掌变拳，下落抱于腰间。目视前方。（图6-219）

2. 接着，步形不变，左拳变爪，向外拧腕后拉于头部左上方，同时，右拳变爪，迅猛向前下插，并向上勾指屈捞。目视右手。（图6-220）

图 6-219　　　　　　　　　　　　　　图 6-220

3. 接着，右脚上前一步，身体左转90°，成右弓步，同时，右爪屈勾迅猛下插再上捞，爪心向上，左爪下压，护于右肩前。目视右手。（图6-221）

4. 接着，身体右转，同时，右爪上架于头顶上方，左爪向前推抓而出。目视左爪。（图6-222）

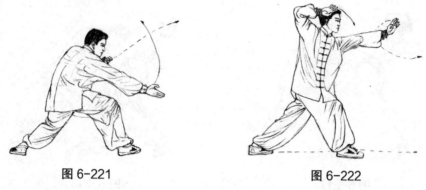

图6-221   图6-222

【用法】

1. 临阵对敌时，对方向前上左步，飞起右鞭腿朝我方头部踢击而来。我方立即向后滑步闪避，同时，上翻左臂于头侧拦截其腿，随即用右掌抓捞对方裆部。（图6-223、图6-224）

2. 如果对方向后收落右脚并仰身避过，我方则迅速上右脚绊住其左腿，同时，右手反抓其裆。（图6-225）

3. 跟踪追击，我方继续用左爪猛力撞其膻中穴，将其击伤。（图6-226）

图6-223   图6-224

图6-225   图6-226

二十三、虹云罩顶

【练法】

1. 承接上势，左脚向前一步，身体重心后坐，右腿屈膝下蹲，左膝微屈，成左虚步，同时，左爪向前勾掏，肘臂伸直，爪心朝上，右爪下压，护于左肩前。目视左爪。（图6-227）

2. 接着，右膝提起，左腿独立，同时，左爪内翻变掌，由下向上挑起，掌心向右，掌指与眉同高，右爪变掌，在左掌内翻外挑的同时向前、向下画弧，从左掌外侧向上挑起，然后护于左肘内侧，掌心向左。目视前方。（图6-228）

图 6-227　　　　　　　　　　　图 6-228

3. 接着，右脚向前落地，右腿直立，左膝上提，同时右掌向前反掌前砸，左掌向下、向后画，斜伸于体后。目视右掌。（图6-229）

4. 动作不停，左脚向左侧落地，屈膝全蹲，右脚前进一步，右腿伸直，成右仆步，同时，右掌内画再向右脚处反臂伸插，拇指朝下，掌指朝前，左掌变为勾手，横撑于左后上方。目视右掌。（图6-230）

图 6-229　　　　　　　　　　　图 6-230

5．紧接着，左腿前蹬，身体右转90°，左膝提起，右腿独立，同时，右掌外旋并向上、向左、向下盖压，最后收至左腋下，左勾手变掌下压并绕弧向前，从上向下拍，掌心向下，掌指朝前，高与眉齐。目视左掌。（图6-231）

6．随即，左脚落地，重心后坐，右膝微屈，成左虚步，同时，右掌变剑指向前上方插出，手心向上，掌指朝前，左掌下压，护于右臂下方。目视右指。（图6-232）

图6-231

图6-232

【用法】

1．临阵对敌时，对方进右步，右拳朝我方面部击打而来。我方迅速用右掌拍格其右腕内侧，向左侧推，同时，左手前击其右腋下要穴。（图6-233）

2．紧随着，我方再用左掌摔击其面部，右膝上顶其腹部。（图6-234）

图6-233

图6-234

3. 如对方仰身避闪，并用右掌拦格我方左掌，我方则右脚向前落步，左腿提起，前探身用右掌翻劈击对方右侧耳门穴。（图6-235）

图6-235

4. 连击不停，左脚顺势落地，右脚顺势前滑，右掌顺势下落，斜砍击其右足三里穴，致使对方向右转身。（图6-236）

5. 跟踪追击，我方再用左掌拍击其顶门百会穴，致其头晕目眩。运用时还可配合锁爪抓对方手臂或膝顶对方命门穴，效果更佳。（图6-237）

图6-236

图6-237

二十四、八卦闭门

【练法】

1. 承接上势，右脚绕过左脚，身体右转90°，双膝微屈，成骑龙步，同时，右剑指变掌，随转体向下弧形摆至小腹前，掌心向上，肘关节略弯，左掌向右上方弧形摆到胸前，掌心向下，肘关节弯曲，两手掌心相对，如抱球状。姿势摆好后，以八卦步、按顺时针方向绕行一周。（图6-238）

2. 绕行至原起点后，身体随即右转90°，右脚后撤步至左脚内侧落地踏实，屈膝下蹲，左脚微提，脚尖点地，成左丁步，同时，两掌向右划并伸臂于右侧，右掌变成勾手，勾尖朝下，臂微屈，左掌上护于右肘弯，屈左肘，掌心向外，

头左转。目视正前方。（图6-239）

图 6-238　　　　　　　　图 6-239

3．动作略停，左脚向左斜前方上步，脚尖左摆，两膝略屈，同时，左掌前伸，然后向左划并立掌屈肘，五指张开朝上，掌心向前，右掌护于左肋前，掌心向下。姿势摆好后，走八卦步、按逆时针方向绕行一周。（图6-240）

图 6-240

4．绕行至原起点后，右脚上步于左脚内侧，成并步，伸膝直立，同时，右掌内收下按，至丹田时翻转成掌心朝上，左掌下移，至胸前成掌心向下，两掌于身前如抱球状，深吸气。（图6-241）

5．两掌下落于体侧，然后放松全身，静心调息，全套拳法结束。（图6-242）

图 6-241　　　　　　　　图 6-242

第七章　绝招

本篇披露武当真传天罡 36 点穴绝招。

【招谱】

一、雪花盖顶

二、乌龙吐箭

三、螳螂捕蝉

四、白虎戏爪

五、白蛇吐信

六、仙手磨云

七、绣女纫针

八、白蛇摇首

九、顺藤摸瓜

十、移身幻影

十一、勾漏采手

十二、叶底藏花

十三、白猿折枝

十四、双龙出洞

十五、喜鹊蹬枝

十六、肘底看捶

十七、滚手打捶

十八、雁翅翻云

十九、金鸡独立

二十、毒蛇入洞

二十一、翻车连捶

二十二、勾搂下采

一、雪花盖顶

【用法】

1. 敌我双方对峙。（图 7-1）

2. 对方突进右步，出右拳击打我方面部。我方迅速收步，外划左臂格开对方右拳。（图 7-2）

图 7-1　　　　　　　　　　　　图 7-2

3．我方随即左拳前仆，同时右脚进步于对方裆前，右拳向前抖弹对方面门。（图7-3）

4．左拳紧随连出，用鸡心捶盖磕对方头顶百会穴。（图7-4、图7-5）

图7-3

图7-4

【要点】

这里举例为先防后攻。其实这一招还可用于主动进攻，即把第一手的格抓作为惊敌之法，然后连出后两拳。

本招不但是点击百会穴的专势，同时也可用于点打印堂、神庭、囟门诸穴。习练者在实战时，可见机灵活应用。

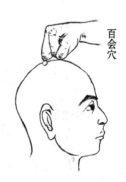

图7-5

二、乌龙吐箭

【用法】

1．敌我双方对峙。（图7-6）

2．我方主动进攻：右脚垫步迅速接近对方，同时左手掏拳顶击对方下腭，在其受惊失措的情况下，我方再突翻右拳盖磕其面部。（图7-7）

图7-6

3. 假如对方向后撤步，仰身避开，并上抬左臂架格我方右拳，我方立即进步，弹出左拳击打对方鼻子。（图7-8）

图 7-7　　　　　　　　　　　　　图 7-8

4. 不等对方有所反应，我方又弹出右手凤眼捶，击打对方额前神庭穴。（图7-9、图7-10）

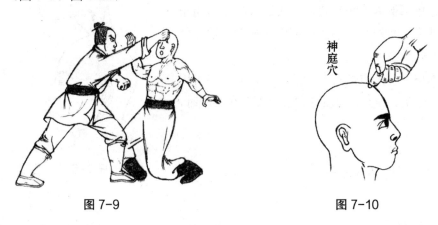

图 7-9　　　　　　　　　　　　　图 7-10

【要点】

此招具备"前手击人后手跟"的特点。左右两手应成为一种自然的条件反射，而且迅速有力，使对方难有招架之余暇。用得精绝，可在对方未及后退之时，便将其打得面目全非。

此招不但可点打神庭穴，同时还可点打印堂、人中等穴位。

三、螳螂捕蝉

【用法】

1. 敌我双方对峙。（图7-11）

2. 对方向前滑步，用右脚踹击我方左小腿胫骨。我方迅速向后挪身，收左腿，避开其脚的攻击。（图7-12）

图7-11　　　　　　　　　　　图7-12

3. 假如对方落步后，又用右拳前弹击打，我方立即退左步，右拳同时上抬从外门封阻对方右拳手。（图7-13）

4. 右手一贴对方左腕立即旋指勾压，同时左脚上步，翻出左掌砍向对方面部。（图7-14）

图7-13　　　　　　　　　　　图7-14

5. 假如对方向后退步，上抬左臂架格住我方左掌，我方则左掌勾腕下压其臂外裹，用左手封阻其右手，同时使用右手凤眼捶，圈击对方左侧太阳穴。（图7-15、图7-16）

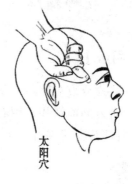

太阳穴

图 7-15
图 7-16

【要点】

这一招连环勾砍，两手似车轮连环滚进，有手勾手，无手砍脸，连勾带砍。一旦上手贴住对方手腕，即使对方是神手鬼脚，也难逃我方车轮般的勾砍攻击。

此手分内、外勾砍，从中门上外门为里勾砍，走外门为外勾砍。习练者可在运用中具体领悟。若手法一变，还可用于点打耳门、人迎诸穴。

四、白虎戏爪

【用法】

1. 敌我双方对峙。（图 7-17）

2. 对方向前滑右步，用左拳朝我方面部击打而来。我方立即撤左步，上翻左手外挂对方左腕外侧。（图 7-18）

图 7-17
图 7-18

3. 乘左手钩挂外滚旋压之际，我方左脚进步，右手圈捶磕击对方左侧耳门穴。（图7-19）

4. 不论击中与否，对方面部必向右偏，我方再用左手鸡心捶，掼击对方右侧耳门穴。（图7-20、图7-21）

图 7-19

【要点】

整个动作要连贯自然。右手圈捶一定要有沉身内扣发劲的配合，发劲时注意拧腰坐胯。两手相互配合，击打要有抽鞭之劲，做连续性的左右掼击。

此法也可点击太阳穴、风池穴等，习练者在实际应用中须自己灵活掌握。

图 7-20

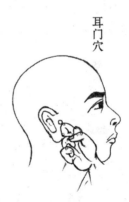

耳门穴

图 7-21

五、白蛇吐信

【用法】

1. 敌我双方对峙。（图7-22）

2. 对方进右步，用左拳向我方胸心部位攻击而来。我方左脚立即向后撤

图 7-22

一步，同时左掌向下拍压，格拦其攻击。（图7-23）

3．随之，我方右拳向前冲打对方面门。（图7-24）

图7-23

图7-24

4．如其仰头避让，我方右冲拳立即翻腕成鸡心捶磕击其胸，最后再用左手鸡心捶爆射而出，猛打对方额前印堂穴，将对方击溃。（图7-25、图7-26）

图7-25

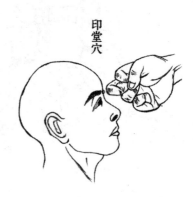

图7-26

【要点】

此招左右手连环出击，成一自然连贯之势，手手不离对方印堂、人中、膻中等部位，使对方难于防范。

六、仙手磨云

【用法】

1．敌我双方对峙。（7-27）

2．对方进左步，出右拳朝我方面部击打而来，我方迅速退左步，右手同时顺时针磨圆划格对方右腕外侧。（图7-28）

图7-27　　　　　　　　　　　图7-28

3．我方紧接着进左步，左手顺时针磨圆划压对方右手，右手向前磨划对方面部。（图7-29）

4．如果对方上扬左手拦格我方右掌，我方仍然不停，右掌右划扣对方左腕，左拳顺势弹击对方人中穴。（图7-30）

图7-29　　　　　　　　　　　图7-30

5. 我方左拳出击的同时，右手凤眼捶紧接翻出，击对方人中穴，以两次连击致其受创。（图7-31、图7-32）

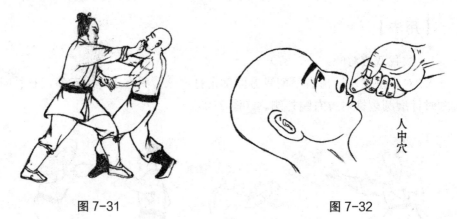

图 7-31   图 7-32

【要点】

人中穴的点打多以此招之磨云手法为主。磨云手是效仿推石磨旋转的手法，顺时针、逆时针的交替反复，一旦搭上对方手腕，对方便会陷入一个旋涡而难以自拔。当我方功力达到一定水准时，可将对方身体磨得像旋陀螺一样直打旋旋，然后见机一击，即可伤之。

七、绣女纫针

【用法】

1. 敌我双方对峙。（图7-33）

图 7-33

2．对方向前滑步，左脚进于我方裆前，同时左直拳击打我方面部，我方立即后撤左步，起右臂内裹将对方左臂格住。（图7-34）

3．然后我方右脚前进一步，右手顺势内旋，以剑指向前戳击对方颈部左侧人迎穴。（图7-35）

4．点打连环，我方左手剑指紧跟再出，二度戳向对方颈部人迎穴。（图7-36、图7-37）

图 7-34　　　　　　　　　　　　　　　　图 7-35

图 7-36　　　　　　　　　　　　　　　　图 7-37

【要点】

防守之时要看对方出哪只手，如对方出右拳，我方则用左臂格，这样可以使对方封手；在旋臂格对方来招时，格与前戳必须要连贯，不可有丝毫的停顿动作，而且左右剑指也是连续出击，直至将对方击伤方可停手。动作也必须快速有力。

八、白蛇摇首

【用法】

1. 敌我双方对峙。（图 7-38）

2. 对方右步前滑的同时，出右拳直击我方面部。我方迅速仰身避过。（图 7-39）

3. 一避开对方拳击，我方左脚立即向左摆步，右脚向对方裆下进步，右扭身成倒插步，然后右手反爪抓撩对方裆部。（图 7-40）

图 7-38

4. 连击不停，我方再迅速右转身，右脚朝对方裆部进步紧逼，同时右手上翻成标指或剑指，插击对方咽喉穴。（图 7-41、图 7-42）

图 7-39

图 7-40

图 7-41

咽喉穴

图 7-42

【要点】

此招闪而反击，形似蛇之摇头。对方攻出第一拳必然会有第二拳跟出。在避其第一拳的同时，我方就必须将下盘变动而快速反击。对方很难避开我方反击使用的突然撩掌或反抓其裆，往往躬身收腹以躲避我方的撩阴手。这时对方上盘必然空虚，我方再上取对方咽喉穴，立可取胜。

九、顺藤摸瓜

【用法】

1．敌我双方对峙。（图 7-43）

2．当对方进右步、用左拳朝我方面门击打而来时，我方立即退右步，并上翻左臂，旋挂格开对方来招。（图 7-44）

图 7-43   图 7-44

3．我方左臂在格住对方左臂后，再反臂下压并旋腕扣指抓其左臂，且向左、向后、向下捋带，与此同时，进右步向左旋身，右手凤眼捶抖弹发劲，点击对方左脑后侧风池穴。（图 7-45、图 7-46）

【要点】

此势乃横掼捶的反打法。应用本招时，不论擒住对方手臂与否，只要把来招格挡开了，都要快速进步右捶抖弹出击，以防对方有变。若抓捋对方手臂，对方更加难逃。此法还可用作打击脑后的风府、哑门、玉枕、大椎等穴。

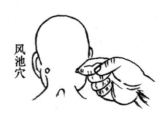

图 7-45

图 7-46

十、移身幻影

【用法】

1. 敌我双方对峙。（图 7-47）

2. 当对方进右步、用右拳朝我方面部击打而来时，我方左脚迅速朝左侧横跨一步，并向下矮身避开对方右拳。（图 7-48）

图 7-47

图 7-48

3. 一旦闪开，我方立即右转身，左脚向前进步，同时用左手鸡心捶横盖，以抖弹劲击打对方后颈窝哑门穴。（图 7-49、图 7-50）

【要点】

不管对方用拳或用腿，只要是攻击我方中上盘，均可使用此法应付。左闪时，横跨步与矮身要同时进行，右手要立于身体前方，以备不测。一闪开即要迅疾出招反击，不得迟缓。此法还可用于击打脑后其他穴位或背部要穴。

图 7-49

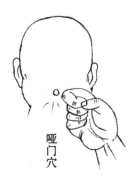

哑门穴

图 7-50

十一、勾漏采手

【用法】

1. 敌我双方对峙。（图 7-51）

2. 当对方向前滑步、用右拳朝我方面部击打而来时，我方左脚迅速向后撤一步，上身左闪，同时右手上翻叼拿对方右腕外侧。（图 7-52）

3. 我方随即上抬左手，猛弹压对方右臂，同时进左步，右手前翻抖劲，以凤眼捶点击对方前胸膻中穴。（图 7-53、图 7-54）

图 7-51

图 7-52

图 7-53

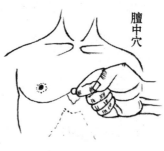
膻中穴

图 7-54

【要点】

勾漏采手击打目标多以前胸部的各处要穴为主。出手的拳式以凤眼捶为主，这种拳形具有相当大的穿透性，是点穴法的重要手形之一。这种拳形不要远距离打，必须接近对方身体用寸劲抖打。此招还可用于点打华盖、璇玑、鸠尾、胃脘、巨阙等穴。

十二、叶底藏花

【用法】

1. 敌我双方对峙。（图 7-55）

2. 当对方进右步、出右拳向我方击打而来时，我方略收左步，向上抬身，右手前穿格对方右腕外侧，将其攻势化解。（图 7-56）

图 7-55   图 7-56

3．我方随之沉身向前进左步，同时左肘向前捣击对方右肋要穴。(图7-57)

4．不论捣中与否，我方左拳立即顺势上翻，反砸其脸。（图7-58）

图 7-57　　　　　　　　　　　　　图 7-58

5．连击不停，我方右手凤眼捶迅速抖弹而出，猛力点击对方心口鸠尾穴。（图7-59、图7-60）

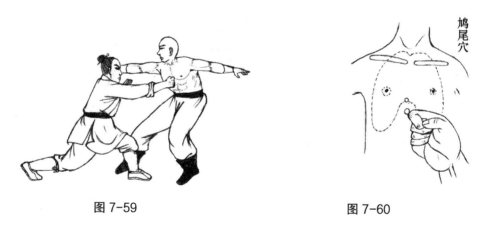

图 7-59　　　　　　　　　　　　　图 7-60

【要点】

此招在运用时须特别注意，在对方出左拳时不可用右手格划，应用左手格划，右肘顶击，这样可防被对方的后手所击。

肘顶和翻臂砸拳应快速发出，使对方手忙脚乱，为右手大力点穴创造战机。

十三、白猿折枝

【用法】

1. 敌我双方对峙。（图7-61）

2. 对方左手虚晃，然后猛进右步，用右拳击向我方面部。我方后移右脚，同时右臂向上划格对方右臂外侧。（图7-62）

图7-61　　　　　　　　　　　　　图7-62

3. 一旦接触敌臂，我方立即挽臂缠绕将其夹住，与此同时，向右旋体，左臂内旋裹撞对方右肘外侧，使其臂扭，关节疼痛。（图7-63）

4. 然后，我方左臂顺势猛地向下一压其臂，右手凤眼捶弹射而出，击打对方胸前左侧乳中穴。（图7-64）

图7-63　　　　　　　　　　　　　图7-64

5. 连击不停，我方左手凤眼捶紧跟再出，伤其右侧乳中穴。（图 7-65、图 7-66）

【要点】

我方右手向上架臂后要用一个画弧绕圆的动作，不论对方出拳或出腿，都可用此缠抱；随之是断骨之肘法；后面的凤眼捶连环点穴要目标准确且快速突然。此法可打对方前胸的任何一个大穴，在实战中应灵活应用，不必拘泥一穴。

图 7-65

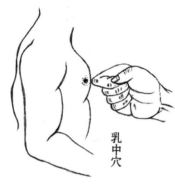

乳中穴

图 7-66

十四、双龙出洞

【用法】

1. 敌我双方对峙。（图 7-67）

2. 对方进右步，右拳朝我方面部打来。我方迅速后移右步，同时左手上翻向外划格对方右腕内侧。（图 7-68）

3. 当对方再进左步，左拳掼击我方头部右侧，我方立即右手上挑，格住其左拳，同时左手和右手皆变叼手，叼住对方两臂后将其向下旋压。（图 7-69）

图 7-67

4. 不可僵持，我方左脚迅速向前进一步，双叼手突变凤眼捶，朝前抖弹发劲，猛地磕打对方胸前左侧和右侧膺窗穴。（图7-70、图7-71）

图 7-68

图 7-69

图 7-70

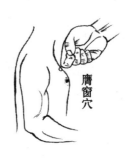

图 7-71

【要点】

此势以双手凤眼捶抖磕猛击，不易防范。实战时要见机而作，两手腕部要灵活，抖捶时须用寸爆劲，弹抖而有力，动作幅度不宜过大，要用寸劲胜敌。

十五、喜鹊蹬枝

【用法】

1. 敌我双方对峙。（图7-72）

2. 我方主动进攻，向前滑步迅速接近对方，同时以左掌直戳其眼。（图7-73）

图 7-72　　　　　　　　　　　　图 7-73

3．如对方后撤左步并仰身避开我方戳眼掌，我方再连用左脚蹬踩对方左膝。（图 7-74）

4．连击不停，我方再落步沉身，右手紧跟而出，以鸡心捶猛力点击对方腹部巨阙穴。（图 7-75、图 7-76）

图 7-74

图 7-75

【要点】

向前滑步要迅疾，向前戳掌要有力，尽量一招制敌。如若未中，也可把对方的注意力吸引到上盘防范上，使其下盘漏出空当，这样也为后面的蹬踩创造了战机。蹬踩对方膝部时，对方必因疼痛向前躬身，此时我方用鸡心捶可打之难防。此招还可用于点击对方胸腹部多处穴位。

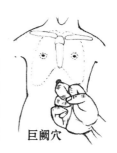

巨阙穴

图 7-76

十六、肘底看捶

【用法】

1. 敌我双方对峙。（图7-77）

2. 对方右脚猛进一步接近我方，同时出左拳击打我方面部。我方则收左脚成丁步，并以右掌向上拍拦对方左腕外侧。（图7-78）

3. 我方右掌一沾敌腕，左掌也紧随向上挑推对方左前臂，将其左臂大幅右推，既破了来手，又可因此封阻其右手可能的连击。（图7-79）

图 7-77

图 7-78

图 7-79

4. 对方左臂一开，必露出腹部空当，我方右手并紧剑指插点对方腹部神阙穴。（图7-80、图7-81）

【要点】

此招由武当太极拳之"肘底捶"演化而来，本分为左势和右势。此处介绍的是右势。

我方右手拍拦、左手挑推，看似防御手，其实暗藏杀机，一旦得势，我方再以右手打穴，对方必定难逃。

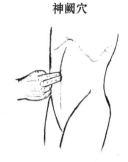

神阙穴

图 7-80

图 7-81

十七、滚手打捶

【用法】

1. 敌我双方对峙。（图 7-82）

2. 当对方猛进左步、用左拳击打我方面部时，我方立即后退左步，同时提起右手并向内格拦对方左臂外侧。（图 7-83）

图 7-82

图 7-83

3. 我方左手再顺势提起外旋，大幅拨开其左臂，紧接着左脚进一步，快速使用右手鸡心捶，向下弹劲抖打，伤其小腹气海穴。（图 7-84、图 7-85）

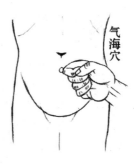

图 7-84

图 7-85

【要点】

此招为滚手，先格架对方手臂加另一手配合，再顺着对方手臂滚压进击。滚手左右均可使用，发力旋滚、弹抖、多变、难测。此招可打腹肋多个穴位。

十八、雁翅翻云

【用法】

1. 敌我双方对峙。（图 7-86）

2. 对方前移左步，猛进右步，右直冲拳朝我方面部击打而来。我方立即上翻右手，抓住对方右腕外侧，并以左掌上托其肘关节。（图 7-87）

图 7-86

图 7-87

3. 我方右脚进步靠身，左托掌从对方右臂内侧顺势上穿其咽喉。（图7-88）

4. 如对方抬左臂上架我方左穿掌，我方即再上左脚至对方右腿后，同时左臂用力反压，右手松握猛推其胸部。（图7-89）

图 7-88　　　　　　　　　　　　　　图 7-89

5. 乘其被推身斜体歪之际，我方以左手鸡心捶向下弹击，奇袭对方小腹元宫穴。（图7-90、图7-91）

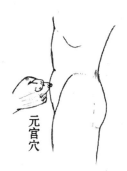

元宫穴

图 7-90　　　　　　　　　　　　　　图 7-91

【要点】

此招术为摔打兼施之法，重点在最后一手的点穴奇袭上。介绍本式时用了3次假设，乃要求习练者因势而用，灵活变化。

十九、金鸡独立

【用法】

1. 敌我双方对峙。（图7-92）

2. 我方向前滑步，左探捶击打对方面门，如对方抡右臂向外格开我方攻击，并外翻下压我方右臂，左圈捶袭击我方右侧耳门。（图7-93）

图7-92   图7-93

3. 我方则迅速右臂上挑，从内向外格挡对方左拳，同时抬右膝撞击对方前胸。（图7-94）

4. 乘对方受击仰身之际，我方右脚顺势前落，同时用右拳拳轮迅速向前砸击对方面部。（图7-95）

图7-94   图7-95

5. 连击不停，我方再转攻对方下部，即顺势下蹲，左手鸡心捶朝下点击对方小腹中极穴。（图7-96、图7-97）

【要点】

此招为出势受阻时反败为胜之法，但也可用于主动攻击。动作要灵活紧凑，快速有力，打击目标要准，肘膝相应，拳脚相合，惊上取下。鸡心捶还可点击小腹多处要穴。

图 7-96

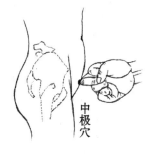

图 7-97

二十、毒蛇入洞

【用法】

1. 敌我双方对峙。（图 7-98）

2. 我方速进左步，接近对方后，下用右膝向对方左肋顶击，上用右拳冲击对方面部。（图 7-99）

3. 如对方向后移步挪身避开膝击，并抬左臂架格我方右拳，我方则右脚立即落地踏实，左脚进步成钩镰脚，同时左拳上掏其腭或点打其咽喉。（图 7-100）

图 7-98

图 7-99

图 7-100

4. 连击不停，我方左脚掌落地，两膝屈蹲成左跪步，同时双手鸡心捶一齐出击，伤其裆前曲骨穴。（图 7-101、图 7-102）

图 7-101

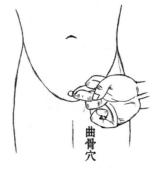

图 7-102

【要点】

此招先以冲拳取对方上盘，配合顶肋膝，再以掏颌捶连击，最后双拳齐点曲骨穴，如此上下混合，双手合击，非常厉害。

二十一、翻车连捶

【用法】

1. 敌我双方对峙。（图 7-103）

2. 当对方向前滑一步、用右拳朝我方面部击打而来时，我方迅速后撤一步，用右前臂自上向下砸压对方右前臂。（图 7-104）

图 7-103   图 7-104

3．我方右爪顺势抓擒对方右臂并用力下拉，同时进左步，出左拳冲击对方面部。（图 7-105）

4．如对方上翻左手，用掌心抵住我方左拳的进攻，我方左手则顺势下落压在对方右腕上，同时右拳出击，点击其咽喉。（图 7-106）

5．乘对方防御之际，我方左手凤眼捶猛地抖击而出，奇袭对方左肋期门穴。（图 7-107、图 7-108）

图 7-105

图 7-106

图 7-107

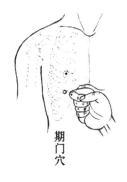

图 7-108

【要点】

此招为连环翻捶之技，动作连贯快速，两拳相互替换，不给对方喘息的机会。使用时步法要与出拳配合好，步快拳猛，致其倒地。

二十二、勾搂下采

【用法】

1. 敌我双方对峙。（图 7-109）

2. 当对方进右步、出左拳朝我方面部击打而来时，我方双脚迅速后移半步，起右手向上朝左格对方左臂外侧。（图 7-110）

图 7-109   图 7-110

3. 我方随即上翻左手，从右向左格划对方左臂并叼扣住，同时左脚前进一步至对方右脚外侧，右脚跟进一步，右手凤眼捶弹抖而出，击其左肋部章门穴。（图 7-111、图 7-112）

图 7-111

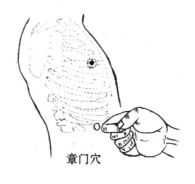

章门穴

图 7-112

【要点】

此招点穴之法取的是勾搂下采手法，习练者可以从该势中领悟到更多的技法，如可点打期门、腹结、京门诸穴。点穴技法中很讲究以手封手，即对方出左手，我方格对方手臂外侧朝右推，以其左手封阻其右手的出击，非常巧妙。

二十三、叶底偷桃

【用法】

1. 敌我双方对峙。（图7-113）
2. 我方向前滑步，用左手锁口捶攻击对方下颌。（图7-114）

图7-113　　　　　　　　　　　　图7-114

3. 如对方后撤步，并用右手向外拍格我方左腕内侧，我方则继续向前滑步，左手一转，绕过其右手向下击其右肋要穴。（图7-115）

4. 如对方右手臂下划，再将我方左拳格于外门，我方则使用右拳，迅速冲出，击其面部。（图7-116）

图7-115

图7-116

5．如对方又抬左臂，架格我方右拳，我方则左脚前移，右膝跪步，向下沉身，使用左手鸡心捶猛力弹击，奇袭对方左侧腹结穴。（图7-117、图7-118）

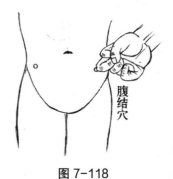

腹结穴

图 7-117　　　　　　　　　　　　图 7-118

【要点】

此招见缝插针，避实就虚，击其不备。前面的三拳要快速而迅猛，把对方打得手忙脚乱，此时再出一招沉身下穿捶，必可伤之。

二十四、云遮雾罩

【用法】

1．敌我双方对峙。（图7-119）

2．我方主动进攻，右脚猛进步至对方裆前，同时急翻右掌，戳击对方眼部。如对方上抬左臂，将我右掌架开，使我方攻击落空。（图7-120）

图 7-119　　　　　　　　　　　　图 7-120

3. 我方则迅速用左脚尖弹踢对方之下颌。（图 7-121）

4. 不论是否击中，须连击不停，我方左脚顺势前落，同时右手凤眼捶抖劲而出，直击对方腹部左侧商曲穴。（图 7-122、图 7-123）

图 7-121

【要点】

这一招是借前上步戳掌之势，继而发出弹颌脚，此脚一旦中的，可把对方下颌踢伤，非常厉害。即使不中，这种快速有力的高踢脚法，对方也得全神应付，仰头躲避唯恐不及，给我方后面的打穴捶创造了条件。在具体应用时，第一手的戳目，不论对方是退避还是招架，紧随的高弹腿都要正常发出，只要对方仰身便可击中其穴。

图 7-122

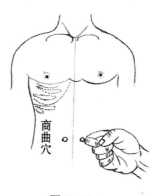

图 7-123

二十五、镜花水月

【用法】

1. 敌我双方对峙。（图 7-124）

2. 对方左脚前进一步接近我方，并用右脚向我方面部正蹬而来。我方左脚立即向后垫步，右脚朝右侧摆跨一步，并向右偏身，避开其高踢之险。（图 7-125）

图 7-124

图 7-125

3．对方右踢落空，紧接着又起左鞭腿向我方腰腹踢击，我方速向右偏身，左脚向后方盖步退让。（图 7-126）

4．不待其变，我方快速反击，左脚猛力扫踢，伤其头部。（图 7-127）

5．连击不停，我方左脚顺势落步，再用右手凤眼捶，点击对方左侧京门穴。（图 7-128、图 7-129）

图 7-126

图 7-127

图 7-128

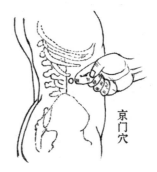

图 7-129

【要点】

这一招点穴技法，同时运用了两种移身之法，先后收身，继而右闪，这种方法在对阵时，多会转到对方身后，为撤步起腿创造条件，可达到一脚取胜的效果。

一般情况下，对方如连发两拳不中，在心理上会有慌乱，同时也会影响动作的力度和速度。这时我方一脚扫踢反击，极易得手，再乘势打穴，立可取胜。

二十六、盘龙昂头

【用法】

1. 敌我双方对峙。（图7-130）

2. 当对方右垫步、用左踹腿向我方腰腹击来时，我方两腿迅速屈膝下弯，成伏腿步，同时左前臂外侧用力朝外格挂对方左小腿。（图7-131）

3. 我方乘势使用右盘肘，横击对方右腿后部，致其重心失去平衡。（图7-132）

图 7-130

图 7-131

图 7-132

4. 跟踪追击，右手鸡心捶猛力上提，冲击对方裆下海底穴。（图 7-133、图 7-134）

图 7-133

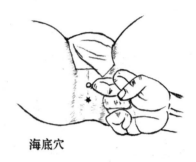

海底穴

图 7-134

【要点】

沉身伏步与用左前臂格其左腿要及时准确，格阻与横击肘应成连贯之势，横肘时在肘头用力。横肘一旦奏效，对方即失去再战能力。此时，对方裆部也敞开了，我方正好可以点击其海底穴。

二十七、顺水推舟

【用法】

1. 敌我双方对峙。（图 7-135）

2. 当对方右插步、猛起左踹腿朝我方面部击来时，我方左脚后移、右膝内扭、下蹲身避开对方左腿的攻击。（图 7-136）

3. 我方随即起右腿猛踢对方臀部，使其前仆。（图 7-137）

4. 我方迅速落右步，再用左手鸡心捶，朝对方臀部尾闾穴寸劲抖击。（图 7-138、图 7-139）

图 7-135

【要点】

　　点打对方身后之穴，只有在闪避中使对方背对我方时才有可乘之机。此法乘对方"旧力略过，新力未生"之际，突然出招，连续两击对方尾闾穴，招式灵活而劲力脆快。此法还可击打背部多个要穴，全在临阵对敌中适时而用。

图 7-136　　　　　　　　　　图 7-137

 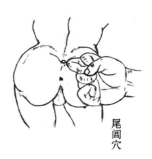

图 7-138　　　　　　　　　　图 7-139

二十八、一石三鸟

【用法】

　　1. 敌我双方对峙。（图 7-140）

　　2. 对方右脚猛进一步直踏于我方裆前，同时使用右直拳朝我方面部击打而来。我方左脚迅速向后退一步，右脚向右侧迈一步，并向右偏身避开对方右拳。（图 7-141）

3. 如对方右拳落空，紧接着出左摆拳，朝我方面部再度击来，我方则左脚迅速向右前方迈步，即盖插步，上体左扭，左掌向左反划格对方左臂。（图7-142）

4. 当对方背对我方时，我方迅速向下沉身并右转，右手鸡心捶抖臂成横掼式，猛朝对方后腰命门穴掼击。（图7-143、图7-144）

图 7-140

【要点】

我方移身闪避应尽量引对方背部侧露，我方才有机会完成击打对方命门穴的招术。击打命门之法有偏左偏右，可一击而伤3穴，即命门穴、肾腧穴、志室穴。

此招还可变化为用左腿扫踢的打法，应视临阵对敌时的具体情况而定。

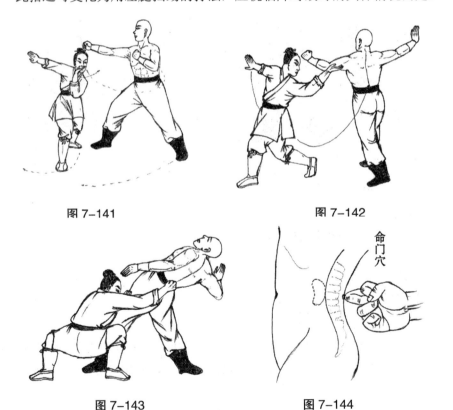

图 7-141

图 7-142

图 7-143

图 7-144

二十九、掣电追风

【用法】

1. 敌我双方对峙。（图7-145）

2. 我方右脚向前进步，同时左掌前穿，直朝对方面部戳插。（图7-146）

3. 如对方撤右步，并上扬左臂，架住我方右掌的攻击，我方则迅速踹出左腿踢对方左肋。（图7-147）

图 7-145

4. 跟踪追击，我方再落步拥身，使用右手凤眼捶，弹击对方后腰肾腧穴。（图7-148、图7-149）

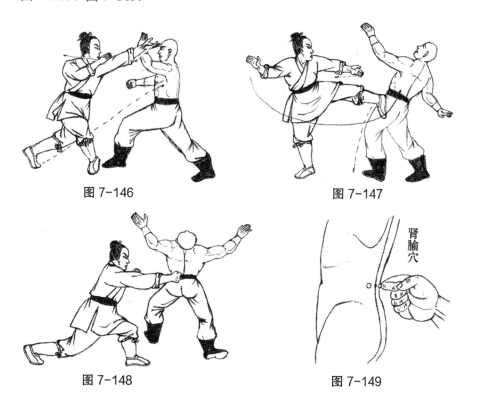

图 7-146

图 7-147

图 7-148

图 7-149

肾腧穴

【要点】

此招为连续性的追打之法，一上一下加中间，对方必顾此失彼，被打得腰伤穴闭，筋断骨折。

三十、幻影蹑踪

【用法】

1. 敌我双方对峙。（图 7-150）

2. 对方突然扑进，使用右踹腿，朝我方面部狠劲踢来。我方立即向左前方横跨一步，并矮身左闪，避开对方右腿的猛烈攻势。（图 7-151）

图 7-150   图 7-151

3. 不待敌变，我方右脚迅速朝前跨步，并向右转身使用左手凤眼捶或鸡心捶，猛力盖打对方后腰志室穴。打穴时可配合右掌拍其右腿，既防不测，又可造势。（图 7-152、图 7-153）

图 7-152

志室穴

图 7-153

【要点】

此招取闪身避敌之法，使其前仆而显露其背，我方顺势点击之。不论对方用拳或用腿，只要是攻击我方中上盘时，均可使用此法应付。

左闪时，横跨步与矮身要同时进行，右手要立于前方防护应变。左盖捶盖劈动作要迅速，对对方后腰猛劲发力，一捶下去 3 穴伤。

三十一、封拦磨云

【用法】

1. 敌我双方对峙。（图7-154）

2. 对方右垫步、左脚进入我方裆前，左摆拳朝我方头部击打而来。我方立即向后滑步，避开其锋芒，并以右掌顺势推拍其左腕外侧。（图7-155）

3. 我方左臂随即前穿，猛劲拦格对方左臂外侧，使对方上身右旋。（图7-156）

图 7-154

4. 接着，我方右脚上步，右手鸡心捶圈点对方后背灵台穴。（图7-157、图7-158）

图 7-155

图 7-156

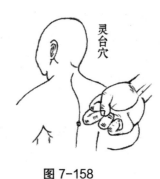

图 7-157   图 7-158

【要点】

此招技法采用的是封闭阻截法，连续两次推格对方左臂，以使对方背部露空，才宜使用圈点捶。

在防与化对方攻势时，动作应迅速而有力，必要时可将其臂腕抓住，或配合脚法，踩击其下盘。

三十二、脱影幻化

【用法】

1. 敌我双方对峙。（图 7-159）

2. 对方右插步，突起左踹腿，朝我方面部攻击而来。我方迅速朝右侧摆跨右脚，下沉桩并向右偏身，避开对方左踹腿。（图 7-160）

图 7-159   图 7-160

3. 一闪即打，我方右步迅速前进，左手凤眼捶弹力抖击，伤对方背部左侧厥阴腧穴。（图7-161、图7-162）

图 7-161   图 7-162

【要点】

点打对方背部穴位，必须利用闪身移步的脱影幻化之术，使自己转于对方背部，或使对方背对我方，这样才能择穴点打。

本招之法为右闪，即对方用左拳或左腿进攻时，均可采用此法。如用右拳或右腿时，则应用左闪法。

闪身幅度要恰到好处，既要能躲开对方来招，又要做好反击蓄势，如幅度太大，虽然可以躲避对方来招，但不利于反击，习练者请注意反击必须抢在对方来招未及再变之前。击打目标要准，用爆发脆劲发力，左拳击出后可续补右拳，连环出击，把对方彻底击溃。

三十三、龙门鼓浪

【用法】

1. 敌我双方对峙。（图7-163）

2. 对方突然扑进，猛起右脚弹踢我方面部。我方立即向左横跨左脚，并向左偏上体，避开对方右腿。（图7-164）

图 7-163

3. 一闪开即反击，乘对方尚未收腿之际，我方左手撑地，向左卧身，出右腿猛力扫踢对方左膝腘窝处，使其受重击而失衡。（图 7-165）

图 7-164 　　　　　　　　　　图 7-165

4. 跟踪追击，我方快速起身，使用左手凤眼捶弹击对方背部肺腧穴。（图 7-166、图 7-167）

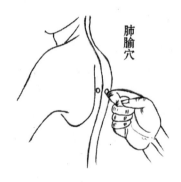

图 7-166 　　　　　　　　　　图 7-167

【要点】

在对付对方的正弹踢时，若只顾后退，那是十分危险的，因为对方在起脚时是从我方右腹、胸一线直上面部的，后退不但达不到点打对方肺腧穴之目的，还有被对方重创的可能。所以，只有运用侧闪之法，再卧地踢腿。

这里的用腿是回旋环扫摆击法。如果自己的腿功劲力较差，可以用侧蹬脚攻击对方小腿，力到之处，也可使对方腿骨扭折。

三十四、旋转辘轳

【用法】

1. 敌我双方对峙。（图7-168）

2. 对方猛进左步，左拳攻击我方面部。我方迅速退右步，略退上身，并上扬左手向左划格对方左臂外侧，将其左臂推开。（图7-169）

3. 我方再前移左步，右手前移上穿，抬架对方左臂，同时左掌向下穿插对方左肋章门穴。（图7-170）

4. 连击不停，我方右脚向前跨步，右手凤眼捶直击，再伤对方腰下气海腧穴。（图7-171、图7-172）

图 7-168

图 7-169

图 7-170

图 7-171

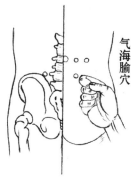

图 7-172

【要点】

格其攻击臂时要尽量将对方推转身，使其斜背对着我方，我方才能有机会点击对方的气海腧穴。如果对方用右拳攻击，我方动作则反之，实践中应灵活运用，见机而行。

点击部位也可灵活取用，对方腰臀部诸穴皆可用此招击之。

三十五、蛰龙升天

【用法】

1. 敌我双方对峙。（图7-173）

2. 对方以右鞭腿朝我方左侧腰肋部横扫而来。我方左脚立即后撤一步，屈膝全蹲，右膝下沉，成左跪步，同时以右前臂格挡对方右小腿。（图7-174）

3. 如对方右腿攻击受阻，又猛起左腿横踢我方头部，我方则迅速前仆避之。（图7-175）

图 7-173

4. 我方迅速起身，使用右手凤眼捶，横掼抖击对方左臀侧环跳穴。（图7-176、图7-177）

图 7-174

图 7-175

图 7-176

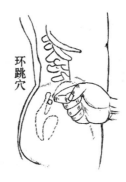

图 7-177

【要点】

此势身体与手脚配合要协调，避闪位置要恰到好处，击打部位要准确。

一般情况下，点打环跳穴比较容易，但临阵对敌时不一定拘泥于此招介绍的方法，可自行变通应用。

三十六、翻江倒海

【用法】

1. 敌我双方对峙。（图 7-178）

2. 对方用右踹腿向我方面部踹击而来。我方右脚则迅速后移，两腿屈膝下蹲，使上体下潜，避开对方腿踢。（图 7-179）

3. 对方腿踢一过，不待其变，我方快速进步，用双手捞住其支撑腿的踝关节部位，左肩前靠抵住其支撑大腿内侧，手拉肩抵，致其前趴。（图 7-180）

图 7-178

4. 在其前趴倒地后，我方左脚迅速跨过其腰，将臀部坐于对方腰背上，左手扳住其脚踝，以右手凤眼捶或鸡心捶点击，伤其脚心涌泉穴。（图 7-181、图 7-182）

图 7-179

图 7-180

图 7-181

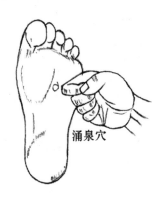

涌泉穴

图 7-182

【要点】

运用此招时，下潜身防腿踢要快速，一旦潜身成功，便上步、抠抓、前推、抓脚、打穴，要连贯协调。跨步坐压要快速，扳拧旋扭要突然，整套动作要迅猛准确，一气呵成。